IGOR DE LAZARI BARBOSA CARNEIRO

DECISÕES COLEGIADAS E DESENHO INSTITUCIONAL

GZ EDITORA

Rio de Janeiro
2018

1ª edição – 2018

Presidente do Conselho Editorial
Nelson Nery Costa

Diagramação
Olga Martins

CIP – Brasil. Catalogação-na-fonte.
Sindicato Nacional dos Editores de Livros, RJ.

C288d

Carneiro, Igor de Lazari Barbosa
Decisões colegiadas e desenho institucional / Igor de Lazari Barbosa Carneiro.
1. ed. - Rio de Janeiro: LMJ Mundo Jurídico, 2018.
154 p.: il.

Inclui bibliografia e índice
ISBN 978-85-9524-034-6

1. Direito - Doutrinas. I. Título.

18-47821

CDU: 34

contato@editoragz.com.br
www.editoragz.com.br

Av. Erasmo Braga, 299 – Sala 202 – 2º andar – Centro
CEP: 20020-000 – Rio de Janeiro – RJ
Tels.: (0XX21) 2240-1406 / 2240-1416 – Fax: (0XX21) 2240-1511

Impresso no Brasil
Printed in Brazil

DECISÕES COLEGIADAS
E DESENHO INSTITUCIONAL

Para meus pais.

AGRADECIMENTOS

Meu orientador, Bolonha, pela amizade e absoluta alteridade.

Meus inspiradores e notáveis "irmãos", Henrique Rangel, Antonio Sepulveda, Alexandre Fadel e Humberto Alves, pela parceria e disponibilidade quase absolutas.

Meu amigo, Sergio Dias, pela disponibilidade e dicas pertinentes.

"Had every Athenian citizen been a Socrates, every Athenian assembly would still have been a mob".

James Madison, The Federalist Papers

A COLEGIALIDADE RADIOGRAFADA POR IGOR DE LAZARI

À GUISA DE PREFÁCIO

por Lenio Luiz Streck

A colegialidade das decisões judiciais vem ocupando o centro do debate jurídico brasileiro. Muitos juristas vinham anunciando-a como grande remédio para nosso direito. Na última década, as estatísticas sobre decisões monocráticas e divergências nos tribunais potencializaram esse discurso. As reformas legislativas e a edição de novos Códigos criaram um clima propício para sua aplicação nas práticas jurídicas, movimentando a disputa por outros desenhos institucionais.

Com a visibilidade ganha pelo Judiciário nos últimos anos, sobretudo com o televisionamento das suas sessões, também a mídia teve que aprender a lidar com a colegialidade judicial e traduzi-la para o debate público. As pessoas começaram a se perguntar o que é um tribunal e como ele deveria trocar e dividir argumentos ao decidir.

Além disso, com o destaque ganho pelo Judiciário na vida política do país, membros de outros Poderes assimilaram esses termos jurídicos e passaram a recitá-los de acordo com seus interesses: só obedeço decisão do plenário do STF.

A questão se tornou tão dramática que a colegialidade chegou a ser invocada, no STF, em uma decisão do próprio plenário, para evitar votos que modificassem um entendimento anterior da Corte. Foi o caso em que a minoria se transformou em maioria.

Explico: levado ao plenário do STF o habeas corpus n. 152.752 em favor do ex-Presidente Lula, houve uma confusão entre discutir uma questão prejudicial (a constitucionalidade ou inconstitucionalidade do artigo 283 do Código de Processo Penal) com o próprio mérito do *writ*. É evidente que o mérito do habeas corpus dependia da questão prejudicial, aliás, condição de possibilidade de um habeas corpus ser julgado pelo plenário da Suprema Corte (o leito natural de HC no STF é sempre uma das duas turmas).

Nessa mistura de questões jurídicas, a Ministra Rosa Weber, que em votação "colegiada" anterior votara a favor da constitucionalidade plena do artigo 283 do CPP, agora estava em face de uma votação na qual, se ela votasse conforme já votara antes, fecharia uma nova maioria, eis que a essa tese se agregara o Ministro Gilmar Mendes. Assim, como ela fora do grupo minoritário na votação da apreciação da liminar de duas ADC (43 e 44), agora, mesmo sabendo que o Ministro Gilomar Mendes, que, em 2016, votara pela inconstitucionalidade do artigo 283, agora seu voto propriciaria a vitória dessa nova maioria e a consequencia seria aa concessão do habeas corpus. Ou seja: como a ministra Rosa Weber perdera com seu grupo por 6 a 5, agora, com o voto do Ministro Gilmar, ela faria parte de uma nova maioria. Todavia, nesse imbróglio todo, a ministra acabou votando pela negativa da concessão do habeas corpus, tudo para prestigiar o que a maioria colegiadamente decidira, esquecendo-se, porém, que aquela maioria já não existia, face à mudança de posicionamento do Ministro Gilmar Mendes. Resultado: o colegiado da Suprema Corte, invocando a colegialialidade, fê-lo a partir de uma colegialidade que, além de ainda não estar firmada, já não tinha número de votos para manter a maioria. Isso ficou agravado com a confusão estabelecida entre o mérito do writ e a questão de constitucionalidade que conforma(ria) a posição colegiada. Resumindo: a Ministra Rosa Weber, invocando a colegiadade perdida, negou o habeas corpus. Essa circunstância gerou novos problemas, inclusive com o ingresso de uma nova Ação Declaratória de Constitucionalidade (n. 54) por parte de um partido político, insistindo para que o STF diga, de forma colegiada, se, afinal, o artigo 283 do CPP é ou não é constitucional. De observar que já há duas ADC's tramitando (n.s 43 e 44).

Depois desse episódio, questionei seriamente à comunidade jurídica: o que é isto, a colegialidade? Veja-se que, em São Paulo, uma juíza foi processada pelo Tribunal por ter violado o "princípio da colegialidade", ao conceder a liberdade de réus de forma monocrática. Mas, afinal, a colegialidade é o produto de soma de votos? Estão proibidas decisões monocráticas? Então, manter ou não a coerência decisória é apenas uma questão majoritária ocasional? Ora, se a colegialidade é vontade majoritária, então manter ou não um entendimento é mero cálculo estratégico; não é, então, uma questão de princípio. Se é assim, é ruim para a democracia.

Mas é claro que o livro de Igor de Lazari, que tenho a satisfação de prefaciar, vai muito além dessa discussão. O livro "Decisões colegiadas e Desenho Institucional" é uma pesquisa que apresenta a colegiadade de forma não vulgateada. O estudo de Igor mostra que a colegialidade passa a ser a condição de possibilidade de julgamentos democráticos e decisões que contenham legitimidade. Antes de tudo, é preciso dizer que o livro de Igor de Lazari vem em boa hora: vem para separar o joio do trigo. Talvez o que se esteja chamando de "colegialidade" não preencha os requisitos daquilo que Igor chama de colegialidade. Por isso o livro deve ser lido.

Numa palavra, a par das críticas que eu fazia às maneiras como a tese da colegialidade vinha sendo propalada, como jurista e democrata que sou torço sempre pelo desenvolvimento teórico do Direito que traga ganhos para a democracia. Essa é a única torcida a que me permito, longe dos sectarismos que vem transformando Direito e Política em futebol — e pedindo para o juiz marcar gol de mão contra o outro time.

E é nesse quadro tumultuado – colegialidade sendo confundida com fabricação de consenso - que se faz tão importante o trabalho de Igor. Trata-se de estudo aprofundado sobre essa temática, por intermédio de uma abordagem multidisciplinar, orientado por um *expert* em questões institucionais do Direito, meu amigo Professor Carlos Bolonha, intelectual da cepa da gloriosa Faculdade Nacional de Direito.

Sem dar spoiler epistêmico, combinando harmoniosamente diversos recursos metodológicos, Igor demonstra como a colegialidade não pode ser defendida de uma maneira irrefletida, tendo que passar por uma rigorosa contextualização teórica e empírica para se estabelecer como a melhor prescrição em um determinado desenho.

Assim, para evitar uma invocação *ad hoc* da colegialidade, seu ajuste ou desajuste à nossa prática jurídica deveria ser atravessado pelos critérios racionais e modos de implementação muito bem discutidos por Igor.

Particularmente, saúdo Igor por conectar essa discussão à integridade do Direito e à legitimidade das deliberações, contribuindo para a reflexão sobre como esses conceitos têm sido invocados em nossa prática jurídica — na qual já foram reduzidos a uma espécie de "coerência no erro". E essa é a minha principal preocupação. A sofisticação deste trabalho traz um novo patamar para a discussão do tema. Como jurista e democrata, sinto-me honrado por prefaciá-lo.

Da Dacha de São José do Herval para a Cidade Maravilhosa, no começo do inverno de 2018 que, de tão tímido e envergonhado, engana até mesmo os robustos liquidambars do alto da montanha, os quais, por sua vez, foram enganados pelos ventos do outono que chegaram temprano.

RESUMO: "Decisões Colegiadas e Desenho Institucional" possui por objeto, a partir de abordagem multidisciplinar, a investigação das decisões colegiadas no âmbito de Tribunais judiciais, das premissas que incentivam sua instituição, dos problemas que podem provocar e dos requisitos necessários para que realmente produzam melhores resultados. Pretende-se, a partir disso, indicar as precauções e informações que deverão ser adotadas e antevistas para a prescrição de desenhos institucionais apropriados, que possibilitem que decisões mais racionais sejam produzidas. Busca-se, pois, discutir as perspectivas doutrinárias que recomendam irrefletidamente instituições colegiadas sem a adequada reflexão do desenho institucional e das suas influências sobre padrão decisório dos agentes, notadamente dos juízes. Destacam-se nesta discussão as decisões autocentradas, que, antepondo-se às premissas otimistas associadas às decisões colegiadas, privilegiam a individualidade do decisor, mas, quando o desenho institucional se mostrar imperfeito, poderão se revelar a segundo-melhor decisão. Tem-se, assim, que a hipótese se baseia na demonstração de que órgãos colegiados nem sempre decidirão melhor por razão da imperfeição dos desenhos institucionais, e, a depender dos níveis destas imperfeições, decisões autocentradas poderão ser decisões segundo-melhores. Metodologicamente, realizar-se-á revisão doutrinária das análises sobre perfis de decisão e, ilustrativamente, mas sem generalizações, apresentar-se-ão decisões e padrões de atuação de juízes no âmbito de Tribunais judiciais.

PALAVRAS-CHAVE: Decisões colegiados. Decisões autocentradas. Desenho institucional.

ABSTRACT: "Collegiate Decisions and Institutional Design" has as its object, from a multidisciplinary approach, the investigation of collegiate decisions, assumptions that encourage their institution, problems they may cause and necessary requirements for they really produce better results. It is intended thereby indicate the precautions and information to be considered for prescribing institutional designs appropriate for making more rational decisions. The thesis intends to discuss the theoretical perspectives that recommend thoughtlessly collegiate institutions without a proper reflection of institutional design and its influences over agents' pattern of decisions. The self-centered decisions that, opposing the optimistic assumptions associated with collegial decisions, despise collegiality and emphasize the individuality of the decision makers are noteworthy, for they may be the second-best decisions when institutional design is imperfect. The hypothesis is based on evidence that collegiate bodies not always take betters decision because of the imperfection of institutional designs, and depending on imperfection levels self-centered decisions may be the second-best decisions. Methodologically, a doctrinal review of decision profiles will be carried out and, illustratively, but without generalizations, judges' decision standards will be presented.

KEYWORDS: collegiate decisions; self-centered decisions; institutional design.

LISTA DE ABREVIATURAS E SIGLAS

AC	Acre
ADI	Ação Direta de Inconstitucionalidade
ADC	Ação Declaratória de Constitucional
ADPF	Arguição de Descumprimento de Preceito Fundamental
AL	Alagoas
ANTT	Agência Nacional de Transportes Terrestres
AP	Amapá
APELREEX	Apelação & Reexame Necessário
ARESP	Agravo no Recurso Especial
CC	Conflito de Competência
CD	Câmara dos Deputados
CF	Constituição da República Federativa do Brasil
CIA	Central Intelligence Agency
CNJ	Conselho Nacional de Justiça
COFINS	Contribuição para Financiamento da Seguridade Social
CPC	Código de Processo Civil
CUMPSENT	Cumprimento de Sentença
DC	District of Columbia
DEC	Decreto
DF	Distrito Federal
DJE	Diário de Justiça Eletrônico
EC	Emenda Constitucional
EUA	Estados Unidos da América
FDA	Food and Drug Administration
FND	Faculdade Nacional de Direito
GO	Goiás
HC	Habeas Corpus
ICMS	Imposto dos Estados e do Distrito Federal sobre Operações Relativas à Circulação de Mercadorias e sobre Prestações de Serviços de Transporte Interestadual e Intermunicipal e de Comunicação

MA	Maranhão
MC	Medida Cautelar
MG	Minas Gerais
MS	Mato Grosso do Sul
MS	Mandado de Segurança
MT	Mato Grosso
NCPC	Novo Código de Processo Civil
PA	Pará
PB	Paraíba
PE	Pernambuco
PET	Petição
PIS	Programa de Integração Social
PR	Paraná
RCL	Reclamação
RE	Recurso Extraordinário
REEX	Reexame Necessário
RFB	Secretaria Receita Federal do Brasil
RISTF	Regimento Interno do Supremo Tribunal Federal
RJ	Rio de Janeiro
RMS	Recurso em Mandado de Segurança
RN	Rio Grande do Norte
RO	Rondonia
RS	Rio Grande do Sul
SC	Santa Catarina
SCOTUS	Supreme Court of the United States
SP	São Paulo
STF	Supremo Tribunal Federal
STJ	Superior Tribunal de Justiça
TJ	Tribunal de Justiça
TO	Tocantins
TRF	Tribunal Regional Federal
TRF2	Tribunal Regional Federal da 2ª Região
U. S.	United States Reports
UFRJ	Universidade Federal do Rio de Janeiro

LISTA DE ILUSTRAÇÕES E TABELAS

SUMÁRIO

INTRODUÇÃO

Dedicar-se à análise do comportamento é lugar-comum de inúmeras disciplinas. Por isso, no Direito, a análise da ação de seus operadores (juízes, promotores, advogados, servidores) perpassa por noções multidisciplinares. Porém, a mais aparente contribuição ao Direito parece haver sido realizada pela Economia. Etimologicamente, Direito e Economia não se relacionam; mas na Economia identificam-se preceitos[1] – introduzidos aprioristicamente por Adam Smith[2], Jeremy Bentham[3], Gary Becker[4], Richard Coase[5], Guido Calabresi[6] – incorporáveis à análise das ações dos operadores, na prática e literatura jurídicas[7], que servem para

1 Esta análise é afeta notadamente à microeconomia, que "estuda o comportamento das unidades econômicas básicas: consumidores e produtores e o mercado no qual interagem". VASCONCELLOS, Marco Antonio Sandoval. **Economia:** Micro e Macro. 4. ed. São Paulo: Atlas, 2006, p. 17.

2 SMITH, Adam. **The Wealth of Nations**. New York: Random House, 1937.

3 BENTHAM, Jeremy. **An Introduction to the Principles of Morals and Legislation**. Kitchener: Batoche Books, 2000.

4 BECKER, Gary. "Crime and Punishment: An Economic Approach". The **Journal of Political Economy**, vol. 76, 1968.

5 COASE, Ronald. "The Problem of Social Cost". **Journal of Law and Economics**, vol. 3, 1960.

6 CALABRESI, Guido. "Some Thoughts on Risk Distribution and The Law of Torts". **Yale Law Journal**, vol. 70, 1961.

7 POSNER, Richard; LANDES, William. "The Influence of Economics on Law: a Quantitative Study". **Chicago Law & Economics Working Paper,** nº 9, 1992; LEFF, Arthur. "Economic Analysis of Law: some Realism about Nominalism". **Virginia Law Review,** vol. 60, 1974, p. 452 ("It is a matter of common knowledge that economic analysis of the type Posner's book exemplifies is growing ever more popular among legal scholars").

a prescrição e previsão de suas ações[8]. Modelos puramente econômicos podem fracassar por presumir que pessoas serão "racionais" no sentido suposto pela Economia. Mas isso não significa que as pessoas sejam imprevisíveis, sistematicamente irracionais, aleatórias. Identificar, porém, padrões para sua atuação não prescinde de análises multidisciplinares.

Esta interação produtiva multidisciplinar ocorreu no domínio da análise econômica do Direito[9] (AED), reputada, não apenas por seus adeptos, o mais influente avanço do pensamento jurídico após a ruína do *realismo* nos anos iniciais da década de 1940[10], que se ampara nas seguintes máximas: (i) que membros do sistema jurídico agem como maximizadores racionais dos seus interesses; (ii) que o sistema jurídicos e preocupa com a promoção de *eficiência* e (iii) que a AED pode ser relevante para a realização de reformas do sistema jurídico[11]. Influente ou não[12], a AED superou pessimismos acadêmicos e persistiu nas dé-

8 "The economic analysis of law, as it now exists not only in the United States but also in Europe, which has its own flourishing law and economics association, has both positive (that is, descriptive) and normative aspects. It tries to explain and predict the behavior of participants in and persons regulated by the law. It also tries to improve law by pointing out respects in which existing or proposed laws have unintended or undesirable consequences, whether on economic efficiency, or the distribution of income and wealth, or other values". POSNER, Richard. "Values and Consequences: An Introduction to Economic Analysis of Law". **Chicago John M. Olin Law & Economics Working Paper,** nº 53, 1998, p. 2. *Cf.* POSNER, Richard. "The Decline of Law as an Autonomous Discipline: 1962-1987". **Harvard Law Review,** vol. 100, 1987.

9 Para abordagem histórico-descritivado desenvolvimento da análise econômica do Direito, *cf.* POSNER, Richard. "Some Uses and Abuses of Economics in Law". **The University of Chicago Law Review**, vol. 46, nº 2, 1979.

10 LANDES, William; POSNER, Richard. "The Influence of Economics on Law: a Quantitative Study". Chicago Working Paper In Law & Economics, nº 9, 1992, p. 1.

11 POSNER, Richard. "Economic Approach to Law". **Texas Law Review,** vol. 53, 1975, pp. 763-764.

12 Estudo acerca da influência da doutrina da análise econômica do Direito pode ser encontrada em POSNER, Richard; LANDES, William. "The Influence of Economics on Law: a Quantitative Study". **Chicago Law & Economics Working Paper,** nº 9, 1992.

cadas recentes. Referem-se William Landes & Richard Posner, no seu *estudo quantitativo da influência da Economia no Direito* a artigo de 1980 de Morton Horwitz. Nele Horwitz afirmava, ironicamente, que *a análise econômica do Direito minguou como a mais recente moda no mundo acadêmico jurídico e... próximos historiadores jurídicos precisarão exercitar sua imaginação para compreender porque tantas pessoas levaram-na tão a sério*[13].

Passadas décadas dos comentários de Horwitz, porém, a AED preserva, relativamente, o mesmo interesse acadêmico, apesar de possuir oposições relevantes no que refere às suas premissas de racionalidade dos decisores[14]. De qualquer modo, muitas noções da AED, inconfundivelmente,são relevantes ao Direito.Não se propõe, por meio desta afirmação, instituir algum modelo de decisão ou incorporar acriticamente máximas não jurídicas à análise do Direito, mas apenas avaliar o padrão de atuação de seus operadores, sobretudo dos juízes, a partir de referenciais acadêmicos inseridos, sobretudo, no domínio da AED[15], pois

---

13 Tradução livre do autor. LANDES, William; POSNER, Richard. "The Influence of Economics on Law: a Quantitative Study". Chicago Working Paper In Law & Economics, nº 9, 1992, p. 4.

14 *Cf.* KOROBKIN, Russell; ULEN, Thomas. "Law and Behavioral Science: Removing the Rationality Assumption from Law and Economics". **California Law Review**, vol. 88, nº 4, 2000, p. 1059 ("contrary to the usual understanding of rational choice theory by law-and-economics practitioners, persons subject to the legal system are seldom ruthless optimizers of their utility; rather, they often rely on a range of decision-making shortcuts and heuristics").

15 "a economia é, acima de tudo, uma ciência feita para medir. Possui um conjunto incrivelmente eficiente e flexível de ferramentas capaz de acessar de maneira confiável uma variedade de informações a fim de identificar o efeito de qualquer fator isolado ou mesmo o efeito integral". LEVITT, Steven; DUBNER, Stephen. **Freakonomics & Superfreakonomics.** Tradutor: Regina Lyra; Afonso Celso da Cunha Serra. Rio de Janeiro: Elsevier, 2012, p. 25-26.

se pretende apontar incentivos[16] institucionais – axiais na Economia – nos processos de decisão[17].

Isto porque, assevera Cass Sunstein, a análise do Direito deveria se ligar àquilo que se aprendeu na Economia sobre a ação humana e sobre a decisão, nas suas acepções positiva (dedicada às previsões), prescritiva (definidora das maneiras ideais do provir na busca por objetivos) e normativa (ligada às realizações do sistema jurídico)[18]. Do mesmo modo, para Michael Sandel, *a economia não diz respeito apenas à produção, à distribuição e ao consumo de bens materiais, mas também à interação humana em geral e aos princípios que regem a tomada de decisões pelos indivíduos*[19]. Estes referencias, que incorporam máximas não jurídicas na análise das instituições, são aproveitados na Teoria

16 Define-se incentivo como "something that induces a person to act, such as the prospect of a punishment or a reward". MANKIW, Gregory. **Principles of Macroeconomics**. 6th edition. Mason, OH: South-Western Cengage Learning, 2011, p. 7. Diz-se, a propósito, que "os incentivos são a pedra de toque da vida moderna". Destaque-se que "incentivos não passam de meios para estimular pessoas a fazer mais coisas boas e menos coisas ruins" e "a economia é, em essência o estudo dos incentivos". LEVITT, Steven; DUBNER, Stephen. **Freakonomics & Superfreakonomics.** Tradutor: Regina Lyra; Afonso Celso da Cunha Serra. Rio de Janeiro: Elsevier, 2012, p. 26; 30.

17 "political scientists were the first social scientists to study judicial behavior; economists, and academic lawyers influenced by economics, are Johnny-come-latelies. Although some of the political science literature now borrows from economics, we'll see that economics can further enrich political science by relating political behavior by judges to incentives and constraints, in the spirit of economic analysis of rational behavior". EPSTEIN, Lee; LANDES, William M.; POSNER, Richard A. **The Behavior of Federal Judges: A Theoretical and Empirical Study of Rational Choice**. Cambridge: Harvard University Press, 2013, p. 30.

18 SUNSTEIN, Cass. **Behavioral Law & Economics.** New York: Cambridge University Press, 2000, p. 2.

19 "em todas as esferas da vida, o comportamento humano pode ser explicado partindo-se do princípio de que as pessoas decidem o que fazer sopesando os custos e benefícios das opções à sua frente e escolhendo aquela que acreditam ser capaz de lhes proporcionar maior bem-estar ou que tenha maior utilidade". SANDEL, Michael. **O Que o Dinheiro Não Compra:** Os Limites Morais do Mercado. Tradução de Clóvis Marques. Rio de Janeiro: Civilização Brasileira, 2014, pp. 50; 85.

das Instituições, que objetiva analisar agentes (inclusive os juízes) nos seus processos decisórios. Decerto, podem-se analisar comportamentos noutros domínios acadêmicos: realistas clássicos *e.g.* apresentaram uma Teoria Jurisprudencial sobre a legitimação de decisões judiciais a partir de parâmetros psicológicos[20].

Por isso, nada obstante a Economia – que se apresenta não apenas como o conjunto de percepções sobre a produção e o consumo, mas ainda como *ciência do comportamento* – ajude a interpretar o comportamento dos agentes, inclusive dos juízes[21], adota-se nesta obra a abordagem institucionalista, que aglomera e inspira as disciplinas que integram as ciências sociais (ciência política, sociologia, economia, psicologia etc)[22] na sua aplicação à análise dos padrões de ação e interação de agentes e de instituições. Diz, a propósito, Antonio Sepulveda, que *o institucionalismo descortina a importância da influência dos dispositivos e mecanismos institucionais sobre a conduta dos agentes sociais*, sendo que *a noção central propugnada por essa vertente teórica diz que os arranjos institucionais... estruturam em grande medida não só o comportamento dos agentes... mas também a conduta de todos aqueles... que estejam situa-*

---

20 EPSTEIN, Lee; LANDES, William M.; POSNER, Richard A. **The Behavior of Federal Judges: A Theoretical and Empirical Study of Rational Choice**. Cambridge: Harvard University Press, 2013, p. 3.

21 De acordo com Richard Posner, "rational judges pursue instrumental and consumption goals of the same general kind and in the same general way that private persons do. There is no mystery as to what they maximize. They maximize a utility function whose principal components are readily observable in the behavior of such familiar participants in the social enterprise as nonprofit firms, voters, and theatergoers. Judges can be viewed as a composite of these other social actors, and when they are so viewed it becomes possible to analyze a number of features of their behavior with the aid of the standard tools of economic analysis". POSNER, Richard. A. "What Do Judges and Justices Maximize? (The Same Things Everyone Else Does)". **Coase-Sandor Institute for Law and Economics Working Paper**, vol. 15, 1993, p. 25.

22 "Each of the several disciplines that collectively constitute the social sciences contained an older institutionalist tradition". GOODIN, Robert E. "Institutions and Their Design". In: GOODIN, Robert E. (ed.). **The Theory of Institutional Design.** New York: Cambridge University Press, 1996, p. 2.

dos sob o influxo dos mecanismos institucionais instalados em determinado contexto[23].

Ressalte-se que a perspectiva institucional adotada não se limita e não se atém à designada Nova Economia Institucional (NEI). Explica Thiago Cardoso Araujo que, para a Nova Economia Institucional (NEI) – que introduziu nova racionalidade e maior 'realidade' à Economia Institucional ortodoxa – *as instituições importam*, podem ser *explicadas e entendidas usando as ferramentas da teoria econômica* e *a estrutura das instituições afeta a performance econômica de forma sistemática e previsível*[24]. Embora as premissas sejam parecidas para a Teoria Institucional, nela se destacam aspectos distintos para a análise das instituições: marcadamente a relevância atribuída aos desenhos institucionais – o planejamento e a realização de regras, procedimentos e organizações que permitam e restrinjam a ação humana para que se adéque a determinados valores, alcance objetivos desejados ou realize algumas atribuições[25] – e a maior permeabilidade a discussões de ordem subjetiva (moral, democracia, legitimidade).

---

23 "Do ponto de vista epistemológico, essa é a maior contribuição que o institucionalismo, apoiado no instrumental da teoria econômica, pode oferecer ao Direito. Tendo em conta que o Direito não possui uma teoria sobre o comportamento humano, os instrumentos analíticos importados do institucionalismo suprem, em alguma medida, esta carência e auxiliam na explicação, sobre outra ótica, da própria razão, por exemplo, de existência de determinada norma jurídica, ensejando a identificação, a previsão e a mensuração das consequências normativas produzidas pelo impacto institucional. Tal instrumental viabiliza também a aferição da eficiência de determinados arranjos institucionais. Em uma linha, é dizer que possibilita a compreensão dos fatos sociais e a avaliação de suas consequências". SEPÚLVEDA, Antônio. "As diferentes estratégias interpretativas e a influência institucional sobre o intérprete" (no prelo), p. 12. *Cf.* GOODIN, Robert E. "Institutions and Their Design". In: GOODIN, Robert E. (ed.). **The Theory of Institutional Design.** New York: Cambridge University Press, 1996; BARTON, Benjamin. "Do Judges Systematically Favor the Interests of the Legal Profession?" **The University of Tennessee College of Law Legal Studies Research Paper Series**, nº 1, 2007.

24 ARAUJO, Thiago Cardoso. **Análise Econômica do Direito no Brasil:** Uma Leitura à Luz da Teoria dos Sistemas. Rio de Janeiro: Lumen Juris, 2017, p. 120.

25 "By this de□nition institutional design is pervasive at all levels of social deliberation and action, including legislation, policymaking, planning and program design and implementation". ALEXANDER, Ernest R. "Institutional Transformation and Planning: From Institutionalization Theory to Institutional Design". **Planning Theory**, vol. 4, 2005, p. 213.

É, portanto, o institucionalismo, que integra propriamente um novo *domínio do saber*, o mais recomendado marco teórico para investigar decisões multidisciplinarmente de maneira mais realista e racional. Embora Gary Becker aponte que *a abordagem econômica seja singularmente poderosa porque pode integrar amplo campo de investigação do comportamento humano*[26], o institucionalismo desempenha melhor o mister[27], porque privilegia a análise da influência dos problemas e dos arranjos institucionais sobre atuação prática dos agentes[28]. Mesmo Becker admite que *são necessárias muitas variáveis não-econômicas para a compreensão do comportamento humano, assim como as contribuições de sociólogos, psicólogos, sociobiologistas, historiadores, antropólogos, cientistas políticos, advogados e outros.*Não se realizará, por isso, análise juridicamente limitada das decisões de juízes.

É sabido que agentes privados[29] e públicos são influenciados por múltiplos incentivos. Estas influências impactam significativamente suas decisões e analisá-las pressupõe a incorporação de noções apartadas do Direito, não jurídicas. Decisões judiciais não podem ser satisfatoriamente apreendidas por meio da análise reducionista

---

26 BECKER, Gary. **The Economic Approach to Human Behavior.** Chicago: The University of Chicago Press, 1990, pp. 3-4.

27 Tradução livre; "although I am arguing that the economic approach provides a useful framework for understanding all human behavior, I am no trying to suggest that the economist's are more important". BECKER, Gary. **The Economic Approach to Human Behavior.** Chicago: The University of Chicago Press, 1990, p. 14; "understanding the source, structure, and evolution of a legal system is the kind of project that requires skills that are possessed but not monopolized by economists". STIGLER, George. "Law or Economics?". **Journal of Law and Economics**, vol. 35, nº 2, 1992, p. 467.

28 Esta distinção poderia ser até mesmo dita inócua, já que o institucionalismo, por paralelismo à NEI, poderia ser incluído no grupo de "Escolas da Análise Econômica do Direito". ARAUJO, Thiago Cardoso. **Análise Econômica do Direito no Brasil:** Uma Leitura à Luz da Teoria dos Sistemas. Rio de Janeiro: Lumen Juris, 2017, p. 127.

29 Exemplo desta influência pode ser identificado no artigo de Huaye Li & Yasuaki Sakamoto, que demonstra a influências de outras pessoas sobre nossas opiniões. LI, Huaye; SAKAMOTO, Yasuaki. "The Influence of Collective Opinion on True-False Judgment and Information-Sharing Decision". **Howe School Research Paper**, nº 8, 2013.

da interpretação de *enunciados normativos*[30], sem a realização de reflexões institucionais – sobretudo afetas às *capacidades institucionais* e aos *efeitos sistêmicos*. Estas reflexões institucionais são relevantes e sua ausência, além de recorrente, provoca sérios problemas as Teorias da Interpretação[31].

Mais que isso, juízes frequentemente afastam-se dos limites normativos por razões não afetas à norma sem que percebamos[32]. Juízes, afinal, não são apenas *políticos de toga*[33], mas *sendo de carne e osso*,

---

30 Para Humberto Ávila, "normas não são textos nem conjunto deles, mas os sentidos construídos a partir da interpretação sistemática de textos normativo". ÁVILA, Humberto. **Teoria dos Princípios:** Da definição a aplicação dos princípios jurídicos. São Paulo: Malheiros, 2005, p. 22

31 "This blindness to institutional considerations creates serious problems for the underlying theories. The problems are illustrated with discussions of many disputed issues, including the virtues and vices of formalism; the current debate over whether administrative agencies should have greater interpretive freedom than courts; and the roles of text, philosophy, translation, and tradition in constitutional law. In many cases, an understanding of institutional capacities and dynamic effects shouldenable diverse people, with different views about ideal legal interpretation, to agree on what actual legal interpretation should entail". SUNSTEIN, Cass; VERMEULE, Adrian. "Interpretation and Institutions". **Public Law and Legal Theory Working Paper**, nº 28, 2002, p. 1. Neste sentido, ainda: SEPÚLVEDA, Antônio. **O Papel das Delegacias Receita Federal do Brasil de Julgamento: Uma Análise sob a Perspectiva dos Desenhos Institucionais.** Rio de Janeiro, 2012. Dissertação (Mestrado em Direito), Universidade Federal do Rio de Janeiro, 2012.

32 Recentemente, a Suprema Corte dos Estados Unidos anulou ato regulatório da Agencia de Proteção Ambiental (Environmental Protection Agency), porque, apesar de normativamente adequada, a agência não reputou relevante para a regulação a superveniência de despesas decorrentes do controle de poluição superior aos benefícios monetários quantificáveis dela decorrentes. ESTADOS UNIDOS. United States Supreme Court. Autor: Michigan. Réu: Environmental Protection Agency. Julgado nº 576. Washington DC, 29 de junho de 2015.

33 "many conventional legal scholars, abetted by judges, have promoted an unrealistic but influential theory of judicial behavior in which careerism and ideology play no role in judicial decisions, while some social scientists and some journalists have sponsored the opposite but also unrealistic conception of judges as merely politicians in robes". EPSTEIN, Lee; LANDES, William M.; POSNER, Richard A. **The Behavior of Federal Judges: A Theoretical and Empirical Study of Rational Choice**. Cambridge: Harvard University Press, 2013, p. 2.

sujeitam-se às mesmas emoções e fraquezas humanas que afetam outros membros da espécie[34].Neste sentido, afirmam Cass Sunstein & Adrian Vermeule que a maioria das discussões proeminentes sobre interpretação – incluindo-se as discussões realizadas por Jeremy Bentham, Willian Blackstone, Herbert L. A. Hart, Henry Hart, Albert Sacks, Ronald Dworkin, William Eskridge, John Manning, Richard Posner e, poderíamos acrescentar, Friedrich Hayek – são incompletas, porque pretendem analisar de que modo interpretar, atribuindo a juízes e legislaturas habilidades quase heroicas, preterindo-se, assim, aspectos relacionados aos atributos institucionais destes sujeitos e das instituições que integram[35].

Não se pode desprezar, na análise do desempenho institucional, que agentes (incluindo-se juízes), individual ou coletivamente, perseguem seus interesses no âmbito de instituições repletas de incen-

---

Neste mesmo sentido: "In recent years there has been an increasing focus on judicial decision-making processes and the behavior of judges. At its heart this study can be summarized thusly: Judges are people too. They are driven by the same combination of incentives, experiences and cognitive biases thatdrive the rest of us. In this vein, political scientists study the "attitudinal model," which argues that political ideology is the single best predictor of judicial decisions. Cognitive psychologists study judicial heuristics. Economists wonder what incentives control judicial behavior... Judges, as a defined group and "institution," respond to the world, and particularly to judicial decisions, as lawyers... Judges thus approach their work with a prescribed set of heuristics, behaviors, and notions about the world.". BARTON, Benjamin. "Do Judges Systematically Favor the Interests of the Legal Profession?" **The University of Tennessee College of Law Legal Studies Research Paper Series**, nº 1, 2007, pp. 5; 7.

34 ESTADOS UNIDOS. United States Supreme Court. Parte: Estado do Michigan. Parte: Environmental Protection Agency. Julgado nº 576. Washington, DC, 29 de junho de 2015."Judges are human and experience emotion when hearing cases. Judges regularly are angered by misbehaving lawyers and litigants. They routinely encounter disturbing evidence that can provoke not just anger but disgust... But judges also experience more pleasant emotions. They may feel joy when a needy child is placed with a family, or hope when adrug court defendant completes treatment and promises to turn his life around. Even crafting a tightly reasoned, well-written opinion can generate feelings of pride". MARONEY, Terry. "Emotional Regulation and Judicial Behavior". **California Law Review,** vol. 99, nº 1481, 2011, pp. 1483-1484.

35 SUNSTEIN, C. R.; VERMEULE, A. Interpretation and Institutions. **John M. Olin Program in Law and Economics Working Paper Series,** n. 156, 2002, pp. 2-3.

tivos[36], destacando-se, nos processos de decisão[37], os incentivos dos outros agentes (dos pares) e os incentivos da própria instituição[38]. Por isso, propõe-se realizar análise das decisões de juízes a partir de noções multidisciplinares relacionando-as a duas modalidades de incentivos[39]: (i) (des)incentivos dos pares[40]; e (ii) (des) incentivos da instituição do

---

36 Nesta obra os termos "incentivo", "constrangimento" e "estímulo" serão adotados indistintamente.

37 Refere-se aqui apenas aos incentivos relacionados aos processos de decisão, porque muitos outros poderão ser identificados para motivar outras ações de juízes. Para análise sobre as motivações – insatisfação com a carreira, idade, salário inadequado – para o abandono da profissão de Juízes Federais americanos *cf.* BURBANK, Stephen; PLAGER, S. Jay; ABLAVSKY, Gregory. "Leaving the Bench: the Choices Federal Judges Make, What Influences those Choices and their Consequences". **University of Pennsylvania Law Review,** vol. 161, nº 1, 2012.

38 GOODIN, Robert E. "Institutions and Their Design". In: GOODIN, Robert E. (ed.). **The Theory of Institutional Design.** New York: Cambridge University Press, 1996, p. 20.

39 "a judge conceive of as a participant in a labor Market can be understood as being motivated and constrained, as others workers are, by costs and benefits both pecuniary and nonpecuniary, but mainly the later: nonpecuniary costs such as effort, criticism, and workplace tensions, nonpecuniary benefits such as leisure, esteem, influence, self-expression, celebrity (that is, being a public figure), and opportunities for appointment to a higher court; and constrained also by professional and institutional rules and expectations and by a "production function" the tools and methods that the worker uses in his job and how he uses them". EPSTEIN, Lee; LANDES, William M.; POSNER, Richard A. **The Behavior of Federal Judges: A Theoretical and Empirical Study of Rational Choice**. Cambridge: Harvard University Press, 2013, p. 5.

40 "Relations with coworkers are an important influence on workplace behavior – and remember that we're treating courts as workplaces". EPSTEIN, Lee; LANDES, William M.; POSNER, Richard A. **The Behavior of Federal Judges: A Theoretical and Empirical Study of Rational Choice**. Cambridge: Harvard University Press, 2013, p. 8. Interessante pesquisa sobre o modo como a pressão social influencia nossa própria opinião pode ser encontrada em ASCH, Soloman. "Opinions and Social Pressure". **Scientific American,** vol. 193, nº 5, 1955. Em relação à influência dos pares nos processos de decisão *cf.* FISCHMAN, Joshua. "Estimating Preferences of Circuit Judges: A Model of Consensus Voting". **Journal of Law and Economics,** vol. 54, nº 4, 2011.

próprio agente[41] ou de outras instituições[42]. Isto porque, reportando-se a James Gibson, decisões dos juízes são o produto do que juízes preferem decidir (modelo atitudinal), moderados pelo que pensam que deveriam decidir (modelo do papel a desempenhar), porém limitados pelo que percebem ser aptos a decidir (modelo institucional). Juízes são influenciados nas suas decisões por seus pares, pela instituição e, ocasionalmente, pelo meio[43],

---

41 Definida como instituição de Estado (órgão, divisão) que agrega agentes. Existem outros incentivos que não definem propriamente o resultado da decisão, mas apenas alteram o perfil de ação dos juízes. Isso pode ser demonstrado, no Brasil, por meio da TV Justiça. Há indícios de que Ministros modificaram perfil de decisão, mas não há indicativos de que modificaram opinião por razão da publicização das imagens da decisão. Para Michael Mohallem, "houve um aumento no tempo de exposição de voto dos ministros, mas nada indica que os ministros votam substancialmente de modo diferente por causa da TV". Disponível em: <https://oglobo.globo.com/brasil/o-ministro-do-supremo-tem-uma-corte-em-si-afirma-jurista-20948979#ixzz4iciVpekU > (acesso em 31/05/2017). Neste sentido já se manifestaram os ministros Nelson Jobim ("quando veio a TV Justiça começou o processo de... digamos, de acaloramento nas discussões e alongamento de voto") e Roberto Barroso ("quanto à TV Justiça, eu acho que ela traz algumas consequências negativas. Primeiro, a exposição tira um pouco da espontaneidade e, segundo lugar, e há estatística sobre isso, há uma pesquisa empírica, os votos ficaram maiores"). FONTAINHA, Fernando de Castro; DE PAULA, Christiane Jalles; SATO, Leonardo Seiichi Sasada; GUIMARÃES, Fabrícia Corrêa (orgs.). **História oral do Supremo (1988-2013):** Nelson Jobim. Rio de Janeiro: Escola de Direito do Rio de Janeiro da Fundação Getulio Vargas, 2015; FONTAINHA, Fernando de Castro; VANNUCCHI, Marco Aurélio; DOS SANTOS, Carlos Victor Nascimento (orgs.). **História oral do Supremo (1988-2013)**: Luis Roberto Barroso. Rio de Janeiro: Escola de Direito do Rio de Janeiro da Fundação Getulio Vargas, 2016.

42 Isso pode ser ilustrado pela influência de decisões de Tribunais superiores sobre juízes de primeira instância.

43 "What judges prefer to do and what they think they ought to do are not necessarily compatible with what they are encouraged or allowed to do... Judges' decisions are a function of what they prefer to do, tempered by what they think they ought to do, but constrained by what they perceive is feasible to do. Individuals make decisions, but they do so within the con- text of group, institutional, and environmental constraints". GIBSON, James. L. "From Simplicity to Complexity: The Development of Theory in the Study of Judicial Behavior". **Political Behavior**, vol. 5, nº 1, 1983, pp. 27; 32.

neles destacando-se, ainda que menos intensamente,a opinião pública[44].

Estas modalidades misturam-se ocasionalmente, porque o desenho da instituição – o projeto de ações e procedimentos desenvolvido para obter resultados positivos em um ambiente determinado[45] – pode intensificar, porventura, os incentivos dos pares ou da instituição. Porém, isto não prejudicará a sua apreensão individualizada na análise dos aspectos institucionais que influenciam juízes nas suas decisões, a partir da abordagem realista dos processos de decisão.

Nesta obra, portanto, adotar-se-ão os parâmetros de análise da Teoria Institucional para se sustentar que decisores, notadamente os juízes, são afetados diretamente por seus pares e pela própria instituição, ressaltando-se nesta discussão as decisões colegiadas, de modo que as melhores decisões (as decisões *primeiro-melhor*[46]) dependerão da precisa instituição de desenhos institucionais e da previsão adequada de incentivos. Para isto, analisar-se-ão as decisões denominadas *autocentradas* nos processos de decisão judicial, que podem ser subdivididas nas decisões adesivas (decisões "sigo o relator"[47]), nas decisões insula-

---

44 "A detailed literature attempts to show that the Supreme Court's decisions are generally in line with public opinion and that, in light of the Court's actual practices, the "counter majoritarian difficulty" is far less difficult than it might seem. To this extent, a degree of "popular constitutionalism," captured in a measure of public control of constitutional meaning, seems to be alive and well. The Court rarely embarks on courses of action that are wildly out of step with the strongly held views of citizens as a whole. But there can be no question that the Court's decisions can provoke public outrage, and that the Court sometimes works to reduce the likelihood and intensity of that outrage". The most famous example is Naim v. Naim, in which the Court refused to rule on the constitutionality of a ban on racial intermarriage, largely because it feared that its ruling would provoke outrage, in a way that might diminish the Court's own authority". SUNSTEIN, Cass. "If People Would Be Outraged by Their Rulings, Should Judges Care?". **Chicago John M. Olin Law & Economics Working Paper**, nº 332, 2007, p. 2.

45 GOODIN, Robert E. "Institutions and Their Design". In: GOODIN, Robert E. (ed.). **The Theory of Institutional Design.** New York: Cambridge University Press, 1996, p. 22.

46 *Cf. nota* 51.

47 É usual nos Tribunais, judiciais e administrativos, a opinião retórica "sigo o relator", "acompanho o relator", "com o relator", nominada, nesta obra, "opinião adesiva". Trivialmente, significa *adesão à decisão anterior*.

res ("decisões ilha"[48]), nas decisões monocráticas[49] e nas decisões intuitivas ou não reflexivas[50], normalmente reprovadas por desprezarem processos deliberativos e privilegiarem a individualidade do decisor. Defende-se, porém, por hipótese, que as decisões autocentradas poderão ser opções *segundo-melhor*[51] para desenhos institucionais precários e incompletos, incapazes de prever e prevenir os incentivos a que se submetem os agentes e que influenciam negativamente seu processo decisório. Metodologicamente, realizar-se-á revisão doutrinária das análises sobre perfis de decisão e, ilustrativamente, mas sem generalizações, apresentar-se-ão decisões e padrões de atuação de juízes no âmbito de Tribunais judiciais[52].

48 Diz-se comumente, que o STF se compõe de onze ilhas. MENDES, Conrado Hübner. "Onze Ilhas". **Os Constitucionalistas**, Brasília, set. 2010.Disponível em: Disponível em: <http://www.osconstitucionalistas.com.br/onze-ilhas>. Acesso em: 27 dez. 2015.

49 Designação própria da sistemática processual brasileira, para definir decisões singulares de Juízes, normalmente integrantes de Tribunais.

50 Essa decisão pode ser reputada autocentrada por identicamente desprezar a deliberação e decorre da atuação não reflexiva ou automática dos juízes.

51 Ideia primeiramente desenvolvida, em 1956, por Richard Lipsey e Kelvin Lancaster, no artigo "The General Theory of the Second Best". Esta Teoria afirma que se a *eficiência ideal* não puder ser obtida, a *eficiência* não necessariamente será maximizada pela maior aproximação possível das *condições first-best*; o resultado *segundo-melhor* poderia, a princípio, ser obtido afastando-se das *condições primeiro-melhor*. LIPSEY, Richard G.; LANCASTER, Kelvin. "The General Theory of Second Best". **Review of Economic Studies**, vol. 24, nº 11, 1956, p. 11.

52 Isto se justifica, nesta obra, porque decisões judiciais podem ser influenciadas por ampla miríade de premissas (instância do órgão julgador, alteração de membros, natureza das ações julgadas, data do julgamento, número e natureza das ações no período de análise) que impedem generalizações e afetam a segurança das inferências. Tem-se, ainda, que, para propósitos limitados, a análise de particularidades individuais de casos ilustrativos pode se revelar satisfatória. *Cf.* DENKIN, Norman K.; LINCOLN, Yvonna S. (eds.). **Handbook of Qualitative Research.** Thousand Oaks, CA: Sage Publications, 2000.

DECISÕES COLEGIADAS

Decisões colegiadas e razão coletiva

Decisões colegiadas amparam-se na premissa aristotélica[1]

1 "For the many, of whom each individual is but an ordinary person, when they meet together may very likely be better than the few good, if regarded not individually but collectively, just as a feast to which many contribute is better than a dinner provided out of a single purse. For each individual among the many has a share of virtue and prudence, and when they meet together they become in a manner one man, who has many feet, and hands, and senses; that is a figure of their mind and disposition. Hence the many are better judges than a single man of music and poetry; for some understand one part, and some another, and among them, they understand the whole. There is a similar combination of qualities in good men, who differ from any individual of the many, as the beautiful are said to differ from those who are not beautiful, and works of art from realities, because in them the scattered elements are combined, although, if taken separately, the eye of one person or some other feature in another person would be fairer than in the picture. Whether this principle can apply to every democracy, and to all bodies of men, is not clear. Or rather, by heaven, in some cases it is impossible of application; for the argument would equally hold about brutes; and wherein, it will be asked, do some men differ from brutes? But there may be bodies of men about whom our statement is nevertheless true. And if so, the difficulty which has been already raised, and also another which is akin to it -viz., what power should be assigned to the mass of freemen and citizens, who are not rich and have no personal merit- are both solved. There is still a danger in allowing them to share the great offices of state, for their folly will lead them into error, and their dishonesty into crime. But there is a danger also in not letting them share, for a state in which many poor men are excluded from office will necessarily be full of enemies. The only way of escape is to assign to them some deliberative and judicial functions. For this reason Solon and certain other legislators give them the power of electing to offices, and of calling the magistrates to account, but they do not allow them to hold office singly. When they meet together their perceptions are quite good enough, and combined with the better class they are useful to the state (just as impure food when mixed with what is pure sometimes makes the entire mass more wholesome than a small quantity of the pure would be), but each individual, left to himself, forms

de*wisdom*[2] *of the crowd*, a presunção de que mais pessoas decidirão melhor, por razões agregativas, de aritmética simples[3]. Esta razão pode ser definida como *acurácia epistêmica* no julgamento, ou, simplesmente, o julgamento que procura a resposta acertada[4]. Nossa sociedade sempre decidiu no âmbito de assembleias ou de modo associado. Modernamente, preservamos a sistemática agregativa de decisão: decidimos no ínterim de órgãos colegiados de decisão sociais e políticos – nossos Tribunais, legislaturas, agências[5], são órgãos multi-membro, porque presumimos[6], a princípio, que sejam qualificados o bastante

an imperfect judgment". ARISTOTLE. **Politics.** Tradução de Benjamin Jowett. Oxford: Clarendon Press, 1920, pp. 121-123.

2 Por razões lexicais, *wisdom* (sabedoria) e inteligência se inserem, na concepção grega, na razão. Portanto não diferem em natureza, mas apenas se aplicam a diferentes domínios de competência. Por isso, razão, sabedoria e inteligência serão adotados indistintamente nesta obra. *Cf.* ANDLER, Daniel. What has collective wisdom to do with wisdom? In: LANDERMORE, Hélène; ELSTER, Jon (eds). **Collective Wisdom: Principles and Mechanisms**. Cambridge: Cambridge University Press, 2012.

3 SUNSTEIN, Cass R.; HASTIE, Reid. **Wiser:** Getting Beyónd Groupthink to Make Groups Smarter. Boston-MA: Harvard Business Review Press, 2015, p. 16.

4 VERMEULE, Adrian. "Collective Wisdom and Institutional Design". **Harvard Public Law Working Paper,** nº 8, 2008,p. 2. Não se adotam, nesta obra, as definições de *razão* moralista de Jon Elster e de Christian List, mas a *baseline conception* de Adrian Vermeule, de *razão* no sentido de *acurácia epistêmica* de julgamento.

5 De acordo com o art. 4º da Lei nº 9.986/00, "as Agências serão dirigidas em regime de colegiado, por um Conselho Diretor ou Diretoria composta por Conselheiros ou Diretores, sendo um deles o seu Presidente ou o Diretor-Geral ou o Diretor-Presidente". BRASIL. Lei nº 9.986 de 18 de julho de 2000. Dispõe sobre a gestão de recursos humanos das Agências Reguladoras e dá outras providências. **Diário Oficial da União,** Brasília, 18 jul. 2000. Disponível em: <http://www.planalto.gov.br/ccivil_03/Leis/L9986.htm>. Acesso em: 20 nov. 2015.

6 Recentemente, o senador Wellington Fagundes (PR-MT) afirmou, durante discussões para aprovação dos novos diretores da ANTT, que "estamos perseguindo isso: ter as agências completas, para tomar decisões mais maduras, já que tudo é feito em colegiado". ALTAFIM, Iara. "Indicações para diretoria da ANTT aprovados na Comissão de Infraestrutura". **Senado Notícias,** Brasília, jun. 2015. Disponível em: <http://www12.senado.leg.br/noticias/materias/2015/06/17/indicacoes-para-diretoria-da-antt-passam-na-comissao-de-infraestrutura>. Acesso em: 19 jan. 2016.

para obter melhores resultados[7]. Diz-se, popularmente, que *duas cabeças pensam melhor do que uma*, e, se isto estiver correto, logo três cabeças deveriam pensar melhor do que duas. Portanto, se membros do grupo realmente interagirem entre si, podem, afirma-se, aprender e decidir melhor[8].

Esta presunção otimística, portanto, ampara-se, sobretudo, na (i) agregação de informação[9] (agregação *perspectiva* ou *estatística*)[10]; e

---

7 No ano de 2015, a propósito, a Ex-Presidente Dilma Rousseff reuniu-se *en banc* com Ministros por mais de seiscentas ocasiões, (da Fazenda e da Casa Civil, sobretudo). Disponível em: <http://www2.planalto.gov.br/acompanhe-o-planalto/agenda/agenda-da-presidenta/2015-12-06?month:int=12&year:int=2015>. Acesso em: 10 jan. 2016.

8 SUNSTEIN, Cass R.; HASTIE, Reid. **Wiser:** Getting Beyond Groupthink to Make Groups Smarter. Boston-MA: Harvard Business Review Press, 2015, p. 4

9 RAWLS, John. **A Theory of Justice.** Cambridge: Belknap Press, 1971, pp. 358-359 ("the benefits from discussion lie in the fact that even representative legislators are limited in knowledge and the ability to reason. No one of them knows everything the others know, or can make all the same inferences that they can draw in concert. Discussion is a way of combining information and enlarging the range of arguments"). Neste mesmo sentido: "where there is a right answer, somehow defined, the average of multiple independent estimates will tend to converge on the truth". VERMEULE, Adrian. **The Constitution of Risk.** New York: Cambridge University Press, 2014,p. 154.

10 Esta primeira modalidade de agregação (*estatística*) se ampara na Lei dos Grandes Números, que influencia o Teorema do Juri de Condorcet, que sustenta que, quando o colegiado possuir duas alternativas e seus membros possuírem preferência mínima pela resposta acertada, a probabilidade de que o voto majoritário seja correto aumentará à medida que o colegiado aumenta. Por outro lado, a *agregação perspectiva* abrange a agregação de múltiplas perspectivas dos membros do colegiado, que possuem, individualmente, parte da resposta para alguma questão. VERMEULE, Adrian. "Collective Wisdom and Institutional Design". **Harvard Public Law Working Paper,** nº 8,2008, pp. 6-7; "The Jury Theorem then shows that a majority vote of this group is increasingly likely to be correct as the size of the group increases, as the average competence of its members increases, or as its cognitive diversity increases, where diversity means that the biases of the group's members are negatively correlated". VERMEULE, Adrian. **The Constitution of Risk.** New York: Cambridge University Press, 2014, pp. 167-168.

na (ii) agregação de legitimidade[11]. Esta primeira modalidade possui 3 (três) principais suposições: (i.a) os colegiados são semelhantes a seus melhores membros; isto é, a deliberação permite que o colegiado se direcione para o julgamento do mais sábio dos seus membros; (i.b) o colegiado é a soma dos seus membros; isto é, a deliberação poderia ajudar membros a disponibilizar a informação que possuem,de modo que o colegiado possuiria mais informação agregada do que qualquer de seus membros; (i.c) o colegiado supera a soma das suas partes (sinergia); isto é, as discussões colegiadas podem selecionar informações e perspectivas que apresentem soluções inovadoras para determinado problema[12].

Depreende-se, aparentemente, que grupos não precisam ser dominados por pessoas surpreendentemente inteligentes para serem astutos; mesmo que a maioria das pessoas que participam de determinado colegiado não sejam racionais[13], mas parcialmente ignorantes – ou, no jargão econômico, racionalmente ignorantes – poderiam ainda assim alcançar resultados sábios[14]. Demonstrou-se, inclusive, que adicionar membros de competência inferior à média pode surpreendentemente,

11 "a second opinion may provide extra legitimacy to the decision or raise the decision maker's certainty that it is correct – at least so long as the second opinion coincides with the first". VERMEULE, Adrian. **The Constitution of Risk.** New York: Cambridge University Press, 2014, p. 156.

12 SUNSTEIN, Cass R.; VERMEULE, Adrian. "Interpretation and Institutions". **John M. Olin Program in Law and Economics Working Paper Series**, nº 156, 2002, pp. 25-26.

13 Definem-se racionais as pessoas"who systematicallyand purposefully do the best they can to achieve their objectives, given the available opportunities". MANKIW, Gregory. **Principles of Macroeconomics**. 6th edition. Mason, OH: South-Western Cengage Learning, 2011, p. 6. Para Simon, "rationality denotes a style of behavior that is appropriate to the achievement of given goals, within the limits imposed by given conditions and constraints". SIMON, Herbert. **Theories of Bounded Rationality.** In: McGUIRE, Charlie; RADNER, Roy (eds.) **Decision and Organization**. New York: American Elsevier, 1972, p. 161.

14 SUROWIECKI, James. **The Wisdom of Crowds.** New York: Anchor Books, 2005, p. XIII. Exemplificativamente, Francis Galton publicou na revista Nature, nº1949, de 1907, pesquisa que apontava a capacidade da pequena população da cidade de Plymouth de acertar com ampla precisão a "massa do boi", na competição local de adivinhação.

para algumas hipóteses, aumentar a *performance* do grupo[15]. Para James Surowiecki, isto é positivo porque não somos, individualmente, perfeitos decisores, mas *limitadamente racionais*[16].

Ele afirma, ainda, que grupos, amplamente considerados, suficientemente grandes e diversos, alcançarão decisões acerca de matérias de interesse comum intelectualmente superiores às decisões individuais[17], independentemente dos níveis de informação e intelecção do melhor indivíduo, porque nossos imperfeitos julgamentos, quando agregados adequadamente, qualificam nossa razão coletiva[18]. Isso pode ser de-

---

15 LADHA, Krishna. "The Condorcet Jury Theorem, Free Speech, and Correlated Votes". **American Journal of Political Science**, vol. 36, nº 3, 1992.

16 Para Simon, a racionalidade pode submeter-se a algumas limitações, dentre as quais: (i) "risco e incerteza"; (ii) "incompleta informação sobre as alternativas"; e (iii) "presunções de complexidade limitadoras da capacidade de adotar o melhor curso de ação". SIMON, Herbert. **Theories of Bounded Rationality.** In: McGUIRE, Charlie; RADNER, Roy (eds.) **Decision and Organization**. New York: American Elsevier, 1972, pp. 163-164.*Cf.* DA SILVA, Virgílio Afonso. "Deciding Without Deliberating". **International Journal of Constitutional Law**, vol. 11, nº 3, 2013, p. 562 ("In order to understand how deliberation may attenuate the effects of bounded rationality, the same excerpt from Sieyès may again be useful, but with the emphasis added in a different place: "When we get together, it is to deliberate, to know the opinions of each other, to benefit from reciprocal enlightenment... When problems are complex, individual ideas, even if shared, may not lead to an optimal decision. What is needed is an intense exchange of arguments, a "reciprocal enlightenment," so that new ideas may emerge").

17 Ressalva, porém, que "the group's guess will not be better than that of every single person in the group each time. In many (perhaps most) cases, there will be a few people who do better than the group. This is, in some sense, a good thing, since especially in situations where there is an incentive for doing well (like, say, the stock market) it gives people reason to keep participating. But there is no evidence in these studies that certain people consistently outperform the group... Over the ten experiments, the group's performance will almost certainly be the best possible. The simplest way to get reliably good answers is just to ask the group each time. SUROWIECKI, James. **The Wisdom of Crowds.** New York, NY: Anchor Books, 2005, p. 5.

18 SUROWIECKI, James. **The Wisdom of Crowds.** New York: Anchor Books, 2005, pp. XIV-XVII.

nominado *milagre da agregação*[19]: mesmo que os membros sejam todos ignorantes, a decisão de inúmeros membros não será necessariamente ignorante[20].

Entretanto, a mesma aritmética que justifica a *performance* superior dos colegiados justifica identicamente por que podem ser insensatos[21]. É precipitado presumir que colegiados sempre decidirão melhor[22].

---

19 "100% ignorance leads to disaster. Can 99% ignorance be significantly better? The surprising answer is yes. The negative effects of voter ignorance are not linear. Democracy with 99% ignorance looks a lot more like democracy with full information than democracy with total ignorance... This result has been aptly named the "Miracle of Aggregation." It reads like an alchemist's recipe: Mix 99 parts folly with 1 part wisdom to get acompoundasgoodasunadulteratedwisdom. An almost completely ignorant electorate makes the same decision as a fully informed electorate—lead into gold, indeed!". CAPLAN, Bryan. **The Myth of the Rational Voter:** Why Democracies Choose Bad Policies". Princeton: Princeton University Press, 2006,pp. 8-9.

20 "As James Surowiecki in his engaging and illuminating book, "The Wisdom of Crowds", the average answer, which we might describe as the answer of a statistical group, is often accurate, where accuracy is measured by reference to objective facts... In light of these findings, many groups might want to answer questions no through deliberation, but simply by consulting people and selecting the average response... For now, let us simply note that statistical groups often do better than deliberating groups, because the former rigorously incorporate all the information that their members have". SUNSTEIN, Cass R.; HASTIE, Reid. **Wiser**: Getting Beyond Groupthink to Make Groups Smarter. Boston, MA: Harvard Business Review Press, 2015, p. 32.Isso pode justificar, ainda,a afirmação de Henry Mencken, no sentido de que *Democracias não são necessariamente crenças patéticas na sabedoria coletiva da ignorância individual*. Cf. LIST, Christian; GOODIN, Robert. "Epistemic Democracy: Generalizing the Condorcet Jury Theorem". Journal of Political Philosophy, vol. 9, 2001.

21 SUNSTEIN, Cass; HASTIE, Reid. **Wiser**: Getting Beyond Groupthink to Make Groups Smarter. Boston-MA: Harvard Business Review Press, 2015, p. 16.

22 Há inclusive ressalvas desta natureza no âmbito do Teorema do Juri de Condorcet. Este Teorema afirma que colegiados são mais propensos que qualquer indivíduo a optar pela "melhor" das duas alterativas disponíveis quando há incerteza sobre qual delas é preferível, a depender, porém, das circunstâncias da decisão. AUSTEN-SMITH, David; BANKS, Jeffrey.Information Aggregation, Rationality, and the Condorcet Jury Theorem. **The American Political Science Review,** vol. 90, nº 1, 1996. É implicação ainda deste modelo que o julgamento colegiado se aproxima da infalibilidade à medida que o colegiado aumenta. GROFMAN, Bernard; OWEN, Guillermo; FELD, Scott. "Thirteen Theorems in Search of the Truth". **Theory and Decision,** vol. 15, nº 264, 1983.

Para que se alcancem melhores resultados, são necessários requisitos mínimos numerosos, mormente relacionados ao desenho dos processos de decisão e de seleção de membros[23] – os principais Teoremas que pretendem afirmar a qualidade superior dos colegiados a partir (i) da capacidade individual dos seus membros, (ii) do processo de deliberação adotado e (iii) do número de membros dependem de pressupostos inafastáveis[24] muito sensíveis. Por isso, colegiados podem não remediar, sempre, desacertos individuais, mas, inversamente, podem até mesmo amplifica-los; além disso, decisões colegiadas majoram os *custos de decisão* – porque muitas pessoas são abrangidas no processo decisório – e os *custos de erro*, porque julgamentos colegiados podem aumentar a amplitude da mancada se alcançarem decisões não acertadas[25]. Estes colegiados submetem-se ainda a *systemic effects* e a *groupthink*, que serão apresentados na próxima seção.

Decisões colegiadas e efeitos sistêmicos

Para Gustave Le Bon, *crowd* ou multidão, no sentido ordinário, significa agregado de indivíduos de múltiplas características. Na perspectiva psicológica, porém, assume significação distinta. Em algumas situações, o aglomerado de pessoas predispostas a objetivos comuns

---

23 Exemplo disso pode ser identificado na pesquisa de Baharad et. al., que indica os arranjos e condições necessárias para que grupos aleatórios alcancem respostas mais acertadas. BAHARAD, Eyal; GOLDBERGER, Jacob; KOPPEL, Moshe; NITZAN, Shmuel. "Distilling the Wisdom of Crows: Weighted Aggregation of Decisions on Multiple Issues" (no prelo). No mesmo sentido: BAHRAMI, Bahador; OLSEN, Karsten; LATHAM, Peter; ROEPSTORFF, Rees; FRITH, Chris. "Optimally Interacting Minds". **Science,** vol. 329, 2010; KORIAT, Asher. "When Are Two Heads Better than One and Why?" **Science,** vol. 336, 2012.

24 Incluem-se aqui o Teorema do Júri de Condorcet e a Regra de Decisão Ótima de Bayes. *Cf.* GROFMAN, Bernard; OWEN, Guillermo; FELD, Scott. "Thirteen Theorems in Search of the Truth". **Theory and Decision,** vol. 15, 1983.

25 SUNSTEIN, Cass R.; HASTIE, Reid. **Wiser**: Getting Beyond Groupthink to Make Groups Smarter. Boston, MA: Harvard Business Review Press, 2015, pp.2; 6 ("group judgements increase the costs of decisions, because many people are involved. And such judgments can increase, rather than decrease, the number and the size of errors (and hence the error costs), if the group ends up making decisions worse").

possui propriedades distintas dos membros que o integram. Formam, assim, *mente coletiva*, a *multidão psicológica*. Esta multidão, assim que instituída, adquirirá novas propriedades particulares que dependem, porém diferem das propriedades de seus membros. Para Le Bon, a principal peculiaridade da multidão psicológica é que, quaisquer que sejam os membros que a integram, suas ocupações ou inteligência, a instituição da multidão inaugurará neles um *pensamento coletivo*, que provocará mudanças nos seus pensamentos, nos seus sentimentos e no seu comportamento[26].

Em justificativa, afirma que diferentes razões determinam a aparição destas propriedades peculiares: (i) indivíduos integrantes da multidão adquirem, apenas a partir de considerações numéricas, sentimento de poder que os permite recorrer a instintos que, sozinhos, manteriam inertes; (ii) nas multidões, sentimentos e ações são contagiosos, a ponto de indivíduos sacrificarem interesses pessoais para satisfazer interesses coletivos; (iii) indivíduos das multidões possuem características opostas àquelas que possuem individualmente[27]. Le Bon introduziu importantes noções sobre os perfis de multidões, sobretudo relacionadas aos resultados que não decorrem logicamente das propriedades de seus membros[28]. Estas incongruências metonímicas associam-se aos *systemic effects* ou *efeitos sistêmicos*, que podem surgir no âmbito de quaisquer grupos, mesmo que possuam diminuto número de membros.

---

26 LE BON, Gustav. **The Crowd:** a Study of the Popular Mind. Mineola, NY: Dover, 2002, p. 4.

27 LE BON, Gustav. **The Crowd:** a Study of the Popular Mind. Mineola, NY: Dover, 2002, pp. 6-7.

28 "It is for these reasons that juries are seen to deliver verdicts of which each individual juror would disapprove, that parliamentary assemblies adopt laws and measures of which each of their members would disapprove in his own person. Taken separately, the men of the Convention were enlightened citizens of peaceful habits. United in a crowd, they did not hesitate to give their adhesion to the most savage proposals, to guillotine individuals most clearly innocent, and, contrary to their interests, to renounce their inviolability and to decimate themselves". LE BON, Gustav. **The Crowd:** a Study of the Popular Mind. Mineola, NY: Dover, 2002, pp. 8-9.

Efeitos sistêmicos – sistemas aqui definidos como agregados de indivíduos[29] – surgem, numa definição mais restrita[30], quando as propriedades de agregado de indivíduos diferem das propriedades dos seus membros, individualmente analisados no âmbito de instituições[31]. Falhas na sua precisa identificação levam a *falácias de divisão* – a presunção de que o que é acertado para os membros será para o colegiado – e a *falácias de composição* – a presunção de que o que é acertado para o colegiado será para seus membros. É, por isso, incorreto presumir que determinado Tribunal integrado por Juízes altamente preparados produzirá decisões altamente qualificadas[32]; identicamente, mesmo que os juízes sejam politicamente alienados, isso não significa que o Tribunal

---

29 "Institutions... are themselves equilibrium arrangements that result from the interaction of their individual members". VERMEULE, Adrian. **The System of the Constitution.** New York, NY: Oxford University Press, 2011,p. 3. Esta análise sistemica, ainda, não é recente: "the problems with which we are nowadays concerned under the term "system" were not "born yesterday" out of current questions of mathematics, science, and technology. Rather, they are a contemporary expression of perennial problems which have been recognized for centuries and discussed in the language available at the time". VON BERTALANFFY, L. The History and Status of General Systems Theory. **Academy of Management Journal**, vol. 15, nº 4, p. 407–426, 1972, p. 408.

30 Nesta obra adota-se a definição de sistemas apresentada por Adrian Vermeule, que possui aplicação e alcance mais restritos do que aquela apresentada na Teoria Geral dos Sistemas. Para análise das distinções das abordagens à definição de sistemas *cf.* VASCONCELOS, Diego de Paiva; VASCONCELOS, Guilherme Guimarães. "Sistema ecomplexidade: a proposta de um diálogo entre as Teorias de Niklas Luhmann e Adrian Vermeule". In: BASSO, Ana Paula; SARLO, Oscar (org.). **Teorias do direito e realismo jurídico:** V Encontro Internacional do CONPEDI. Florianópolis: CONPEDI, 2016. Entendem-se por sinônimos, ainda, os *efeitos sistêmicos* e os *efeitos emergentes* (que seriam mera modalidade do primeiro).

31 VERMEULE, Adrian. **The System of the Constitution.** New York, NY: Oxford University Press, 2011,pp. 3-5 "an aggregate system may even have properties that none of its components or members share. This is possible not because the aggregate has some mysterious existence of its own, over and above the individuals or institutions that comprise it. Rather it can occur just because the particular structure of interaction among the members of components produces emergent properties at the systemic level").

32 VERMEULE, Adrian. "System Effects and the Constitution". **John M. Olin Program in Law and Economics Working Paper Series**, vol. 642, 2009, p. 1.

agirá politicamente. Finalmente, mesmo que os juízes adotem determinada abordagem jurídica, *e.g.* originalista, o Tribunal que integram não necessariamente adotará a mesma abordagem.

Portanto, as propriedades e modos de ação dos grupos nem sempre decorrem da soma das propriedades e dos modos de ação de seus integrantes[33]: *composição não é congregação*[34]. Isto pode ser ilustrado por meio do precedente *Caperton*[35]. Nesta decisão, determinado juiz da Suprema Corte da Virginia Ocidental recebeu doações de campanha da *A. T. Massey Coal Company*, que, naquele momento, litigava no Tribunal inferior do Estado. Depois do direcionamento do recurso à Suprema Corte do Estado, o juiz se recusou a declarar-se suspeito, participando do julgamento do Tribunal, que proveu o recurso da *Massey*, por 3-2. Em seguida, a Suprema Corte dos Estados Unidos (SCOTUS), por 5-4, afirmou que *a aparência da ocorrência de conflito de interesses se mostrava sobre maneira profunda, de modo que a participação do juiz no julgamento atentava ao devido processo legal.* Neste julgamento, mesmo que os juízes da Suprema Corte da Virginia pudessem ser reputados sinceros e juridicamente neutros, poder-se-ia afirmar que o Tribunal atuou *tendenciosamente*[36].

Esta mesma lógica se aplica para o resultado inversa, que pode ser ilustrada pela decisão pelo STJ do AgRg no RMS 35133/SP[37]. Neste re-

---

33 VON BERTALANFFY, Ludwig. **Problems of Life:** An Evaluation of Modern Biological Thought. New York, NY: Wiley, 1952, p. 148.

34 Esta é a premissa aristotélica básica da holística ("o todo é maior do que a simples soma das suas partes"), que se dedica mais detidamente à questão.

35 ESTADOS UNIDOS. United States Supreme Court. Autor: Caperton. Réu: A. T. Massey Coal Co. Julgado nº 556. Washington DC, 8 de junho de 2009.

36 Exemplo apontado por Adrian Vermeule durante a Harvard Law Review Supreme Court Forum de 2009.

37 BRASIL. Superior Tribunal de Justiça.PROCESSUAL CIVIL E ADMINISTRATIVO. AGRAVO REGIMENTAL EM RECURSO EM MANDADO DE SEGURANÇA. ALEGAÇÃO DE NULIDADE DO JULGAMENTO DO MANDAMUS. PARTICIPAÇÃO DE DESEMBARGADOR IMPEDIDO. DECISÃO UNÂNIME. VOTO NÃO DECISIVO PARA O RESULTADO. UTILIZAÇÃO DO MANDAMUS CONTRA DECISÃO MONOCRÁTICA DADA EM AGRAVO DE INSTRUMENTO. INADMISSIBILIDADE DE SEU USO COMO SUCEDÂNEO RECURSAL. ENUNCIADO 267 DA

curso, o recorrente (Lanche Bar Ibirapuera Ltda.) afirmou que *o mandamus foi julgado no Tribunal de origem* – o Tribunal de Justiça de São Paulo – *com participação de desembargador impedido, o que d[aria] ensejo a nulidade do feito por afronta ao art. 134 do CPC*. Na sua decisão, porém, o STJ decidiu que *não enseja nulidade a participação de Magistrado impedido em julgamento colegiado, quando o seu voto, se desconsiderado, não interfere no resultado*, já que, *mesmo que não se computasse o voto proferido pelo desembargador impedido, ainda assim o resultado seria o mesmo*. Portanto, ainda que determinado membro do Tribunal seja impedido (portanto ilegitimado para decidir), a decisão do Tribunal não será necessariamente ilegítima[38].

Existe uma proximidade muita lógica dos *efeitos sistêmicos* àquilo que Irving Janis nominou *groupthink*, que pode ser definido como o modo de pensar que pessoas adotam quando a procura intensa por aquiescência no âmbito de um grupo o inclina a preterir a avaliação realista de soluções alternativas de ação[39]. Exemplificativamente, Janis reporta-se à pergunta – *como pudemos ser tão idiotas?* – que John F. Kennedy dirigiu a seus *advisers* após avaliarem mal o plano proposto pela *Central Intelligence Agency* (CIA) para a invasão da Baía dos

---

SÚMULA DE JURISPRUDÊNCIA DO STF. AGRAVO REGIMENTAL DESPROVIDO. LIMINAR CASSADA. Agravo Regimental no Recurso em Mandado de Segurança nº 35133/SP. Agravante: Lanche Bar Ibirapuera Ltda. Agravado: Município de São Paulo. Relator: MINISTRO NAPOLEÃO NUNES MAIA FILHO. Brasilia, 19 de abril de 2013.

38 Deste modo, a partir de uma perspectiva mais ampla, mesmo que a ordem jurídica seja democrática, suas instituições não serão necessariamente democráticas; mesmo que os juízes sejam todos alinhados politicamente, suas decisões poderão ainda assim ser neutras. VERMEULE, Adrian. **The System of the Constitution.** New York, NY: Oxford University Press, 2011, p. 4.

39 JANIS, Irving. Groupthink. **Psychology Today**, 1971. "First, group members tend to become far more confident of their judgments after they speak with one another... Second, deliberation usually reduces variance. After talking together, group members tend to come into accord with one another". SUNSTEIN, Cass R.; HASTIE, Reid. **Wiser**: Getting Beyond Groupthink to Make Groups Smarter. Boston, MA: Harvard Business Review Press, 2015, pp. 27-28. Para análise revitalizadora dos apontamentos de Janis *cf.* TURNER, Marlene; PRATKANIS, Anthony; PROBASCO, Preston; LEVE, Craig. "Threat, Cohesion, and Group Effectiveness: Testing a Social Identity Maintenance Perspective on Groupthink". **Journal of Personality and Social Psychology,** vol. 63, nº 5, 1992.

Porcos, apesar de serem, de acordo com Janis, as maiores matrizes de talento intelectual da história americana[40]. Estes sintomas de *groupthink* surgem quando os membros do processo decisório pretendem abster-se de ser duros com relação às ideias de seus líderes ou pares. Nas suas reuniões, membros buscam aquiescência sobre questões relevantes, o que implica supressão de pensamentos de reprovação[41]; disso decorre não apenas o risco de membros deixarem de divulgar suas objeções, mas, sobretudo, de suas objeções serem realmente importantes e necessárias para rejeitar propostas ruins[42].

De acordo com Cass Sunstein, Janis acertou, porque na maior parte das hipóteses as decisões colegiadas podem se precipitar por razão da deliberação, não por sua ausência[43]. Isto é, decisões intuitivas

---

40 JANIS, Irving. Groupthink. **Psychology Today**, 1971, p. 84.

41 Neste mesmo sentido, afirmam que a interação não aumenta a qualidade de nossas decisões, mas apenas a confiança subjacente à decisão ("even if interaction does not increase the quality of our decisions, it may play an important social role by increasing decision confidence"). HEATH, Chip; GONZALEZ, Rich; "Interaction with Others Increases Decision Confidence but Not Decision Quality: Evidence against Information Collection Views of Interactive Decision Making". **Organizational Behavior and Human Decision Processes,** vol. 61, nº 3, 1995, p. 323.

42 JANIS, Irving. Groupthink. **Psychology Today**, 1971, p. 85. Diz, ainda, Janis, que os grupos (i) limitarão suas discussões a alguns poucos cursos de ação; (ii) não reexaminarão adequadamente o curso de ação inicialmente adotado pela maioria; (iii) não discutirão muito sobre a possibilidade de preterição de ganhos ou custos; (iv) não buscarão muitas informações de *experts* de sua própria instituição; (v) preferirão fatos e opiniões que amparam sua política preferida; (vi) não discutirão muito sobre a possibilidade de sabotagem ou acidentes do plano.

43 SUNSTEIN, Cass R.; HASTIE, Reid. **Wiser**: Getting Beyond Groupthink to Make Groups Smarter. Boston, MA: Harvard Business Review Press, 2015, p. 6. Embora aqui a discussão privilegie colegiados ordinários, ilustração do resultado desastroso da deliberação pode ser identificado no julgamento dos Embargos de Divergência em Agravo 857.758/RS pelo STJ. Relatando o julgamento deste recurso numa outra ocasião (no julgamento do REsp 1.349.790), a Ministra Nancy Andrighi assim se manifestou: "no julgamento dos EAg 857.758/RS, objeto de questionamento, realizei uma análise histórica e sistemática do CPC, à luz das modificações nele ocorridas desde a promulgação da CF/88, compreendendo os três ciclos de reforma – 1994-1995, 2001-2002 e 2005-2006 – tendo concluído pela possibilidade de que, no descumprimento de obrigação de fazer ou

ou menos deliberativas podem levar a decisões acertadas, ao passo que

---

não fazer, a intimação do devedor, para fins de incidência da multa do art. 461, § 4º, do CPC, poderia se fazer por intermédio do seu advogado, propondo, por via de consequência, a revisão do enunciado sumular nº 410/STJ... Retomado o julgamento... o i. Min. Luis Felipe Salomão apresentou voto contrário à revisão do enunciado sumular, mas acompanhando a Relatora quanto ao resultado do julgamento, tendo em vista o cumprimento espontâneo da obrigação pelo devedor, independentemente de intimação, seja pessoal ou por seu patrono. Ocorre que, tanto na conclusão do voto vista quanto nas considerações orais feitas na sessão, o i. Min. Luis Felipe Salomão conclui que estaria "acompanhando a Relatora quanto à necessidade de prévia intimação pessoal". Na sequência, diante da controvérsia estabelecida pela proposta de revisão, me propus, unicamente, "a retirar essa parte relativa à modificação da Súmula". Seguiram-se, então, os votos dos demais Ministros que, aparentemente confundidos pela manifestação do i. Min. Luis Felipe Salomão – de que meu posicionamento seria pela necessidade de intimação pessoal – e/ou por considerarem, de forma equivocada, que minha disposição de retirar a proposta de modificação do enunciado sumular implicava mudança de entendimento quanto ao mérito da questão, deram provimento aos embargos de divergência à unanimidade, "nos termos do voto da Sra. Ministra Relatora", sendo o quórum formado, além de mim e do Min. Luis Felipe Salomão, pelos i. Min. Sidnei Beneti, Raul Araújo, Paulo de Tarso Sanseverino, Maria Isabel Gallotti, Vasco Della Guistina e Aldir Passarinho Junior. Constata-se, pois, pelo menos em relação aos Ministros que inicialmente divergiram do voto condutor, uma falha na comunicação ou na interpretação do aditamento feito por mim, restrito à retirada da proposta de revisão do enunciado nº 410 da Súmula/STJ, não tendo, em momento algum, alterado minha convicção quanto a possibilidade de intimação via advogado. Tanto assim que, em 12.04.2012, no julgamento do REsp 1.121.457/PR, de minha relatoria, levei novamente o tema à apreciação colegiada, reiterando o meu entendimento quanto à desnecessidade da intimação pessoal do devedor, tendo sido acompanhada à unanimidade pelos demais integrantes da 3ª Turma. Seja como for, jamais houve o intuito de manipular o resultado do julgamento, tampouco de ocultar o pensamento predominante desta 2ª Seção, que permanece materializado, sem alterações, no enunciado nº 410 da Súmula/STJ".
BRASIL. Superior Tribunal de Justiça. PROCESSO CIVIL. EMBARGOS DE DIVERGÊNCIA EM AGRAVO DE INSTRUMENTO. ACÓRDÃO QUE APRECIA O MÉRITO DO RECURSO ESPECIAL. SÚMULA 315/STJ. NÃO INCIDÊNCIA. OBRIGAÇÃO DE FAZER OU DE NÃO FAZER. ASTREINTES. EXECUÇÃO. INTIMAÇÃO DO DEVEDOR. NECESSIDADE. INTIMAÇÃO POR INTERMÉDIO DO ADVOGADO. POSSIBILIDADE. Embargos de Divergência em Agravo nº 857.758/RS. Recorrente: Unimed Seguradora S/A. Recorrido: Joalheria Sciéssere Ltda e outros. Relator: MINISTRA NANCY ANDRIGHI. Brasilia, 23 de fevereiro de 2011.

a deliberação pode ocasionar desacertos[44]. Embora Sunstein afirme que a pesquisa de Janis não possa ser reputada uma *análise precisa sobre o comportamento de colegiados*[45], apresenta no livro *Wiser: Getting Beyond Groupthink to Make Groups Smarter* – que se propõe a melhor analisar as razões para desacertos nas decisões colegiados – resultados nada melhores que aqueles apontados por Janis[46].Estes problemas serão analisados na próxima parte desta obra.

---

44 GUTHRIE, Chris; RACHLINSKI, Jeffrey; WISTRICH, Andrew. "Blinking on the Bench: How Judges Decide Cases". **Cornell Law Review**, vol. 93, 2007, p. 105; "deliberation can be useful when judges tend to disagree ex ante and their private information is relatively imprecise; otherwise, it tends to reduce the e□ectiveness of the court". IARYCZOWER, Matias; SHI, Xiaoxia; SHUM, Matthew. "Can Words Get in the Way? The E□ect of Deliberation in Collective Decision-Making". **SSRN,** Cambridge, MA, 7 jun. 2015. Disponível em: < https://papers.ssrn.com/sol3/papers.cfm?abstract_id=2750174>. Acesso em: 12jun. 2017.

45 Há pesquisas que indicam que a Teoria do *Groupthink* não pode ser seguramente avaliada, mas, de qualquer modo, influenciou e ainda influencia o desenvolvimento de pesquisas relacionadas aos processos de decisão de grupos. *Cf.* ESSER, James K. "Alive and Well after 25 Years: a Review of Groupthink Research". **Organizational Behavior and Human Decision Processes**, vol. 73, nº 2, 1998.

46 Exemplificativamente, informa que, durante a administração Bush, a presunção de que o Iraque possuía armas de destruição em massa decorreu, em parte, de erros no processo de agregação e seleção da informação.

PROBLEMAS DAS DECISÕES COLEGIADAS

Decisões colegiadas sujeitam-se a problemas de agregação. Estes problemas, porém, são distintos a depender da composição do colegiado, da *expertise* de seus membros e dos mecanismos de interação derivados do desenho decisório. De modo geral, porém, podem-se apontar problemas afetos (i) a quaisquer colegiados e (ii) a colegiados integrados por *experts*, destacando-se os Tribunais judiciais.

Problemas de larga escala

Já se afirmou que colegiados possuem problemas de agregação e interação, podendo produzir decisões não diretamente relacionadas às propriedades de seus membros e até mesmo piores. Mesmo Surowiecki, que aponta inúmeros atributos positivos dos colegiados, indica alguns de seus problemas: *problemas de cognição*; *problemas de coordenação*; *problemas de cooperação*[1]. Pode-se dizer, portanto, que colegiados se-

1 "The first are what I'll call cognition problems. These are problems that have or will have definitive solutions. For example, "Who will win the Super Bowl this year?" and "How many copies of this new ink-jet printer will we sell in the next three months?" are cognition problems. So, too, is "How likely is it that this drug will be approved by the FDA?" Questions to which there may not be a single right answer, but to which some answers are certainly better than others – such as, "What would be the best place to build this new public swimming pool?" – are cognition problems, too.The second kind of problem is what's usually called a coordination problem. Coordination problems require members of a group (market, subway riders, college students looking for a party) to figure out how to coordinate their behavior with each other, knowing that everyone else is trying to do the same. How do buyers and sellers find each other and trade at a fair price? How do companies organize their operations? How can you drive safely in heavy traffic? These are all problems of coordination. The final kind of problem is a cooperation problem. As their name suggests, cooperation problems involve the challenge of getting self-interested, distrustful people to work together, even when narrow self-interest would seem to dictate that no individual should take

rão majoritária e inquestionavelmente melhores nas situações ideais; leia-se, quando o desenho decisório de modo óptimo privilegiar seus atributos e limitar seus desacertos. Deve-se reconhecer, porém, que os processos de decisão ocorrem, de regra, sob segundo-melhores arranjos ou segundo-melhores desenhos institucionais[2], isto é, sob desenhos ou arranjos de um sistema naturalmente deficitário. Mecanismos alegadamente hábeis a produzir a razão de multidões aparentam, nas hipóteses relevantes, mal definidos e precários, sendo aplicáveis somente a situações relativamente limitadas[3]. Isto é, a ação colegiada pode[4], mas não

---

part. Paying taxes, dealing with pollution, and agreeing on definitions of what counts as reasonable pay are all examples of cooperation problems. SUROWIECKI, James. **The Wisdom of Crowds.** New York, NY: Anchor Books, 2005, pp. XVII-XVIII.

2 Esta lógica de *efeitos sistêmicos* associa-se intimamente à Teoria Geral do *second-best*: "There is a close logical connection between the logic of system effects, on the one hand, and the general theory of second best on the other. The general theory of second best holds that where it is not possible to satisfy all the conditions necessary for an economic system to reach an overall optimum, it is not generally desirable to satisfy as many of those conditions as possible. Rather, the failure to satisfy optimality conditions on one variable means that other variables must take on suboptimal values as well, in order to compensate for the initial failure. The logical connection between the general theory of second best and the idea of system effects is that the theory explains the consequences of systemic interaction among multiple institutional variables". VERMEULE, Adrian. "System Effects and the Constitution". **John M. Olin Program in Law and Economics Working Paper Series**, vol. 642, 2009, pp. 10-11.

3 VERMEULE, Adrian. "Collective Wisdom and Institutional Design". **Harvard Public Law Working Paper**, nº 8, 2008, p. 1.

4 Estudos que demonstram a possibilidade de julgamentos melhores por agregados de indivíduos podem ser identificados na pesquisa de Robert Thorndike, que, porém, não despreza alguns pressupostos *e.g.* a ocorrência de vieses constantes. THORNDIKE, Robert. "The Effect of Discussion upon the Correctness of Group Decisions, when the Factor of Majority Influence is Allowed For". **The Journal of Social Psychology,** vol. 9, nº 3, 1938; "we don't want to leave the impression that every judgment bias is amplified by groups... The larger point, however, is that individual biases are not systematically corrected at the group level and the often get worse". SUNSTEIN, Cass R.; HASTIE, Reid. **Wiser**: Getting Beyond Groupthink to Make Groups Smarter. Boston, MA: Harvard Business Review Press, 2015, p. 53.

necessariamente produzirá melhores resultados.[5] Existem momentos, inclusive, nos quais a agregação de indivíduos provocará decisões profundamente irracionais[6].

Por quê? Introdutoriamente, imagine-se o *search engine* Google. Em síntese, o Google apresenta respostas instantâneas acompanhadas da precisa página que procuramos nas posições superiores. Isto ocorre por meio da ação de algoritmo que objetiva permitir que todas as páginas da *internet* decidam quais são as páginas mais relevantes para determinada pesquisa – isto é, ampara-se na *razão de multidões*. Porém, as respostas mais óbvias, por serem mais "ordinárias", podem preterir as respostas que realmente procuramos: *e.g.* pesquisa por "Rio de Janeiro" reporta-se apenas ao Município do Rio de Janeiro, pelo menos nas primeiras páginas de busca, preterindo informações referentes ao Estado do Rio de Janeiro. Isto demonstra que nem sempre a sabedoria das multidões alcançará as respostas adequadas. Esta ilustração alegórica introduz os inúmeros problemas que podem ser provocados pela ação coletiva, por inúmeras razões, não se podendo, por isso, presumi-la capaz de obter melhores decisões sobre qualquer coisa.

---

5 "The conclusion to be drawn from what precedes is, that the crowd is always intellectually inferior to the isolated individual, but that, from the point of view of feelings and of the acts these feelings provoke, the crowd may, according to circumstances, be better or worse than the individual. All depends on the nature of the suggestion to which the crowd is exposed. This is the point that has been completely misunderstood by writers who have only studied crowds from the criminal point of view. Doubtless a crowd is often criminal, but also it is often heroic". LE BON, Gustav. **The Crowd:** a Study of the Popular Mind. Mineola, NY: Dover, 2002, p. 9; "In the last two decades, social scientists have learned a great deal about how people actually make decisions. Much of this work requires qualifications of rational choice models, which have dominated the social sciences, including the economic analysis of law. Those models are often wrong in the simple sense that they yield inaccurate predictions. People are not always "rational" in the sense that economists suppose. But it does not follow that people's behavior is unpredictable, systematically irrational, random, rule free, or elusive to social scientists. On the contrary, the qualifications can be described, used, and sometimes even modeled". SUNSTEIN, Cass. **Behavioral Law & Economics.** New York: Cambridge University Press, 2000, p. 1.

6 MACKAY, Charles. **Extraordinary Popular Delusions and the Madness of Crowds.** Vermont: Fraser Publishing Company, 1932.

De início, as principais premissas abrangentes para a presunção de que colegiados se sairão melhor nos processos de decisão podem ser questionadas. Estas premissas, desdobradas das presunções apresentadas anteriormente, são, sinteticamente, de natureza (i) *informacional* – presume-se que o julgamento coletivo aplica a informação dispersa melhor que o julgamento individual; (ii) *evolucionária* – presume-se que o julgamento de muitos, ao longo dos anos, possa suprimir práticas ou instituições ruins do processo de decisão; (iii) *tradicional* – presume-se que a tradição poderia reunir a influência de inúmeros indivíduos; (iv) *deliberativa*[7] – presume-se que a deliberação e a argumentação de muitos indivíduos poderiam ajudar por meio de diferentes perspectivas, propondo políticas ou arranjos de instituições que nenhum membro individual poderia apresentar. Pode-se ainda apontar a presunção de natureza (v) *corretiva*[8] – presume-se que colegiados retifiquem desacertos individuais porventura praticados por seus membros. Todavia, as premissas indicadas possuem alguns problemas intrínsecos.

Para Vermeule, as premissas apontadas associam-se, respectivamente, a Condorcet, Hayek, Burke e Aristóteles. Porém, sobre os referencias apontados, afirma que o Teorema do Júri não necessariamente se relaciona necessariamente à agregação de informação dispersa; a perspectiva de Hayek sobre o *common law*, de *sistema evolucionário de sucesso*, não implica que qualquer regra do *common law* particularmente analisada seja desejável; apesar de Burke sugerir que a tradição seja o análogo plúrimo da razão individual, a ideia se submete a uma *falácia de composição*; a premissa de Aristóteles de que a agregação de perspectivas aumenta a sabedoria das multidões não possui qualquer associação intrínseca à multidão[9].

Bem assim, colegiados podem apresentar alguns problemas recorrentes: (i) a população que participará da decisão normalmente não ébem delineada; (ii) a qualidade dos membros não independe do seu

7 VERMEULE, Adrian. "Many-Minds Arguments in Legal Theory". **Harvard Law School Public Law Research**, n. 8, 2008, p. 1.

8 SUNSTEIN, Cass R.; HASTIE, Reid. **Wiser**: Getting Beyond Groupthink to Make Groups Smarter. Boston, MA: Harvard Business Review Press, 2015,p. 13.

9 VERMEULE, Adrian. "Many-Minds Arguments in Legal Theory". **Harvard Law School Public Law Research**, n. 8, 2008, p. 2.

número: mais decisores podem ser sistematicamente piores do que apenas alguns deles por razão de *efeitos sistêmicos* (incentivos a *caronismo* e *influências sociais*); (iii) no sistema jurídico, os benefícios das multidões podem ser diluídos ou suprimidos porque o desenho das instituições afunila decisões através de decisores individuais[10].

Portanto, apesar de a discussão intra-membros apropriadamente realizada ser, abstratamente, hábil a aumentar a qualidade da ação coletiva[11], nos processos de decisão reais a discussão pode levar as pessoas a decisões desacertadas, ao passo que membros do colegiado podem ser incapazes de retificar lapsos dos seus pares[12], por duas principais influências indicadas por Sunstein: *sinais informacionais* – que incentivam membros dos colegiados a não divulgarem seus juízos sobre alguma informação apresentada por outros membros – e *pressão social* – que incentiva pessoas a se silenciarem para se precaverem da potencial desaprovação dos outros membros[13]. Este quadro pessimista provoca, para Sunstein, quatro principais desacertos: (i) os colegiados podem ser incapazes de reparar os desacertos dos seus membros e podem, inclusive, amplificá-los; (ii) os colegiados podem sofreras influências per-

---

10 VERMEULE, Adrian. "Many-Minds Arguments in Legal Theory". **Harvard Law School Public Law Research**, n. 8, 2008, p. 3.

11 SUNSTEIN, Cass R.; HASTIE, Reid. **Wiser**: Getting Beyond Groupthink to Make Groups Smarter. Boston, MA: Harvard Business Review Press, 2015,p. 21.

12 SUNSTEIN, Cass R.; HASTIE, Reid. **Wiser**: Getting Beyond Groupthink to Make Groups Smarter. Boston, MA: Harvard Business Review Press, 2015,p. 13.

13 SUNSTEIN, Cass R.; HASTIE, Reid. **Wiser**: Getting Beyond Groupthink to Make Groups Smarter. Boston, MA: Harvard Business Review Press, 2015,p. 23; 41-42. Em complemento, Sunstein afirma que "both informational pressures and social influences help to explain the finding that in deliberating group, people who are in a minority position often silence themselves or otherwise have disproportionately little weight... Once more, the unfortunate consequence can be the loss of information to the group as a whole, thus ensuring that deliberating groups do far worse than they would if only they could aggregate the information held by group members".

versas do arrebanhamento (*herding*[14]) e das cascatas (*cascade effects*[15]); isto é, seus membros podem seguir as afirmações e ações daqueles que se pronunciarem ou atuarem primeiro, mesmo que aquelas afirmações e ações provoquem decisões ruins; (iii) os colegiados podem ser mais radicais[16] que seus membros – *e.g.* quando determinado grupo de pessoas possui otimismo ou pessimismo sobre determinado resultado, a deliberação de seus membros poderá intensificar ainda mais o otimismo ou o pessimismo; (iv) os membros do colegiado podem privilegiaras

---

14 "those who are in the cascade do not disclose the information that they privately hold... [D]ecisions will not reflect the overall knowledge or the aggregate knowledge of people in the group – even if the information held by individuals members, if actually revealed and aggregated, would produce a quite different (and possibly much better) result... The simple reason is that people are following the lead of those who came before. Subsequent speakers might fail to rely on, and fail to reveal, private information that actually exceeds the information collectively held by those who started the cascade". SUNSTEIN, Cass; HASTIE, Reid. **Wiser**: Getting Beyond Groupthink to Make Groups Smarter. Boston, MA: Harvard Business Review Press, 2015, pp. 65-66.

15 "A cascade occurs when people influence one another, so much so that participants ignore their private knowledge and rely instead on the publicly stated judgments of others. Corresponding to our two accounts of social influences, there are two kinds of cascades: informational and reputational. In informational cascades, people slice themselves out of respect for the information conveyed by others. In reputational cascades, people silence themselves to avoid the opprobrium of others". SUNSTEIN, Cass; HASTIE, Reid. **Wiser**: Getting Beyond Groupthink to Make Groups Smarter. Boston, MA: Harvard Business Review Press, 2015, p. 63.

16 "The wisdom of crowds has a far more important and beneficial impact on our everyday lives than we recognize, and its implications for the future are immense. But in the present, many groups struggle to make even mediocre decisions, while others wreak havoc with their bad judgment... While big groups are often good for solving certain kinds of problems, big groups can also be unmanageable and inefficient. Conversely, small groups have the virtue of being easy to run, but they risk having too little diversity of thought and too much consensus. Finally, Mackay was right about the extremes of collective behavior: there are times – think of a riot, or a stock-market bubble – when aggregating individual decisions produces a collective decision that is utterly irrational. The stories of these kinds of mistakes are negative proofs of this book's argument, underscoring the importance to good decision making of diversity and independence by demonstrating what happens when they're missing". SUROWIECKI, James. **The Wisdom of Crowds.** New York, NY: Anchor Books, 2005, pp. XIX, XX.

informações já disponibilizadas e debatidas pelo grupo às informações ainda não divulgadas[17].

Por isso, colegiados poderão ser incapazes de alcançar objetivos mínimos de reparar desacertos individuais e de agregar informações mínimas de seus membros[18]. Isto não significa que sempre amplificarão desacertos individuais; para alguns padrões de interação, poderão simplesmente repetir a incorreção individual; para outros, podem minimizá-lo, a depender do desenho decisório[19]. Diz-se aqui apenas que nemsempre serão aptos a retificá-los[20]. Podem-se indicar ainda os *efeitos sistêmicos*, já discutidos nas seções anteriores.

Problemas de pequena escala

Foi afirmado que colegiados são afetados por regras perversas de agregação, que influenciarão o processo de decisão mais ou menos intensamente a depender do desenho institucional e da *expertise* dos

---

17 SUNSTEIN, Cass; HASTIE, Reid. **Wiser**: Getting Beyond Groupthink to Make Groups Smarter. Boston, MA: Harvard Business Review Press, 2015, pp. 15; 57.

18 SUNSTEIN, Cass; HASTIE, Reid. **Wiser**: Getting Beyond Groupthink to Make Groups Smarter. Boston, MA: Harvard Business Review Press, 2015, pp. 24; 28 ("there is no good evidence that deliberating groups will consistently succeed in aggregating the information held by their members").

19 "Groups work well under certain circumstances, and less well under others. Groups generally need rules to maintain order and coherence, and when they're missing or malfunctioning, the result is trouble. Groups benefit from members talking to and learning from each other, but too much communication, paradoxically, can actually make the group as a whole less intelligent". SUROWIECKI, James. **The Wisdom of Crowds.** New York, NY: Anchor Books, 2005, p. XIX.

20 SUNSTEIN, Cass; HASTIE, Reid. **Wiser**: Getting Beyond Groupthink to Make Groups Smarter. Boston, MA: Harvard Business Review Press, 2015, pp. 53-54 ("Why are individual errors so often amplified and so infrequently corrected at the group level? Return to our two themes: informational pressures and social influences. Both are at work. Suppose that most members of a group are prone to make specific errors. If the majority makes those errors, then most people will see others making the same errors. What they see will work as "social proof", conveying information about what is right. Those who are not specialists are likely to think, if most people make the same errors, maybe they are not errors at all. Social influence also play a role. If most group members make errors, other members also might make them simply not to seem disagreeable or foolish").

decisores. Embora colegiados integrados por *experts* – ressaltando-se os juízes[21] – sejam mais organizados e possuam maior qualidade agregada, podem, ainda assim, ser negativamente influenciados pelos problemas de *larga escala*(que se manifestam de maneira menos intensa), e pelos problemas de *pequena escala*, afetos apenas aos *colegiados especializados*.

Isto porque, simplificadamente, a *razão individual* advém da *acuidade epistêmica*; a *razão coletiva*, porém, advém da *diversidade epistêmica*[22]. Entretanto, membros de *colegiados especializados*[23] possuem normalmente informações sobrepostas, não diversas, que afastam as premissas agregativas positivas principais da *razão coletiva*[24]: Desembargadores Federais, ilustrativamente, possuem instrução jurídica parecida, são majoritariamente Juízes Federais que perpassaram pelos mesmos Juízos Federais de mesmas atribuições, auxiliados por servidores identicamente "iguais". Pode-se presumir, por isso, que Tribunais Federais não possuem ampla diversidade.

Por isso, decisões de *colegiados especializados* podem não auferir profundos benefícios da agregação porque *experts* de determinada área

---

21 Isso não impede, porém, que juízes sejam mais ou menos *especializados* ou que, inclusive, juízes generalistas sejam melhores. *Cf.* DE LAZARI, Igor; BOLONHA, Carlos; RANGEL, Henrique. "A relevância dos limites discricionários do juiz generalista". **Revista Direito GV**, vol. 19, n. 2, 2013.

22 VERMEULE, Adrian. "Collective Wisdom and Institutional Design". **Harvard Public Law Working Paper,** nº 8, 2008.

23 Excepcionam-se aqui desenhos que prevejam a nomeação de membros de múltipla orientação institucional *e.g.* o Conselho Administrativo de Recursos Fiscais.

24 "Despite this difference, perspectival aggregation and statistical aggregation share a critical feature. In either case, the major determinants of the group's epistemic performance are numbers, (average) competence and diversity (Hong and Page 2008). Whereas competence is a property of individuals, diversity is an emergent property of the group. Holding numbers constant, a group will be more likely either to vote for the right answer, or to achieve an accurate composite perspective, as the group's members possess more information or as they hold more diverse perspectives. The relevant type of diversity is cognitive, but cognitive diversity may be correlated with diversity along other margins, such as race, class or profession". VERMEULE, Adrian. "Collective Wisdom and Institutional Design". **Harvard Public Law Working Paper,** nº 8, 2008, p. 8. Embora o *quinto constitucional* sirva, inclusive, para aumentar a diversidade de Tribunais, mantém-se ampla dominância de membros oriundos do Poder Judiciário.

(*e.g.* Direito) possuem inclinações parecidas[25], preparo profissional parecido, praticam mimetismos[26], e, ainda, podem simular aquiescência para a opinião pública[27]. Isto é, à medida que a sobreposição de desacertos através dos membros aumenta, o benefício da obtenção de opi-

---

25 "Here there are two relevant interpretations of the vague term "bias": motivational and epistemic. In the former sense bias means that the expert is not even trying to reach the right answer, as opposed to the answer that benefits his firm or career; in the latter sense, bias means that the expert has blind spots arising precisely from his specialized training or knowledge. In Jury Theorem terms, bias may thus be understood either as a simple violation of the condition of sincere voting, at the level of individuals, or else as a concern that about the positive correlation of errors across the group". VERMEULE, Adrian. **The Constitution of Risk.** New York: Cambridge University Press, 2014, pp. 180; 181.

26 "Copying may occur because of an "information cascade", in which individual experts rationally use the views of other experts as the basis for forming their own views, thus reducing the number of independent opinions expressed by the group overall. Here there is a kind of epistemic free-riding or "cognitive loafing", as some within the group benefit from the information provided by other's views without contributing information themselves. Copying may also occur because of a "reputational cascade," in which experts follow the views of senior scientists or powerful figures in the field, for fear of being stamped as incompetent or odd". VERMEULE, Adrian. **The Constitution of Risk.** New York: Cambridge University Press, 2014,p. 171;

27 VERMEULE, Adrian. **The Constitution of Risk.** New York: Cambridge University Press, 2014, p. 171. Embora isso não pareça integralmente aplicável ao Brasil, notadamente ao STF, porque aqui, afirma-se, os Ministros possuem posturas sobremaneira individualistas, "era da tradição do Tribunal, em certos casos, uma discussão prévia, sem tomada de votos, sobre aspectos relevantes... de um julgamento próximo". FONTAINHA, Fernando de Castro; DA SILVA, Angela Moreira Domingues; NUÑEZ, Izabel Saenger (orgs.). **História oral do Supremo (1988-2013)**: Sepúlveda Pertence. Rio de Janeiro: Escola de Direito do Rio de Janeiro da Fundação Getulio Vargas, 2015. Identicamente, no julgamento da ADI 4277, o Ministro Roberto Barroso, que havia ajuizado a ação ainda na qualidade de Procurador do Estado, afirmou que "como advogado, reparei que, pela linguagem corporal, uns três votos estavam desconfortáveis ali, votando com a maioria, mas houve unanimidade". FONTAINHA, Fernando de Castro; VANNUCCHI, Marco Aurélio; DOS SANTOS, Carlos Victor Nascimento (orgs.). **História oral do Supremo (1988-2013)**: Luis Roberto Barroso. Rio de Janeiro: Escola de Direito do Rio de Janeiro da Fundação Getulio Vargas, 2016.

niões adicionais diminui[28] e a onerosidade para a obtenção da decisão aumenta. Embora os benefícios da agregação não dependam necessariamente da deliberação[29] sob a perspectiva da agregação perspectiva (já que pode haver mera soma aritmética de decisões individuais), sua inclusão nos processos de decisão pode possuir resultados ruins e profundos problemas de agregação, a depender do desenho institucional, dos incentivos e dos mecanismos de decisão[30].

---

28 "As the correlation of errors across opinion-givers increases, the benefit of obtaining additional opinions decreases. In cases where the question is how many expert opinions to obtain, the marginal benefit diminishes because of the inherent correlation of opinions among experts in the same field [...] Assuming that the second opinion-giver is an imperfect detector of the errors of the first, the moral-hazard effect can mean that a system of mandatory second opinions might actually create more errors than it prevents. The general point is that anticipation of review may induce the first opinion-giver to invest too little in acquiring information, or may discourage her from using expertise she already possesses". VERMEULE, Adrian. **The Constitution of Risk.** New York: Cambridge University Press, 2014, pp. 158; 160.

29 "While deliberation need not undermine the operation of statistical aggregation, by the same token it is unnecessary for the mechanism to work; purely notional groups can have good Condorcetian credentials. Deliberation is also unnecessary for the operation of perspectival aggregation. Consider Aristotle's idea of the "Wisdom of the Multitude," (Waldron 1995) in which "the many are better judges than a single man of music and poetry; for some understand one part, and some another, and among them they understand the whole" (Aristotle 1988, p. 66). Although some theorists seem to assume that this idea has a necessary connection to deliberation, it does not. Perspectival aggregation can be accomplished just by having each participant unilaterally reveal a bit of dispersed information to the group, without discussion. One can define "deliberation" so expansively as to subsume this case, but nothing of substance is gained by doing so."VERMEULE, Adrian. "Collective Wisdom and Institutional Design". **Harvard Public Law Working Paper,** nº 8, 2008, p. 9.

30 "Overall, then, different aggregation mechanisms can be combined with deliberation, or not, in different ways. The benefits and costs of deliberation, and their interaction with the relevant mechanisms, are contextual questions about which it is difficult to say anything general. In what follows, I will generally assume for simplicity that the agents do not deliberate unless their doing so would affect the analysis in a given context". VERMEULE, Adrian. "Collective Wisdom and Institutional Design". **Harvard Public Law Working Paper,** nº 8, 2008, p. 10.

Para propósitos ilustrativos, podem ser indicados indícios materiais de que o maior número de juízes decisores pode não necessariamente determinar melhores resultados, a partir de alguns dados jurisprudenciais de diferentes instâncias judiciais do país. Estes dados, apresentados abaixo, servem apenas de âncora, isto é, de realce das discussões qualitativas sobre decisões judiciais desta obra, as quais sugerem que *decisões colegiadas* podem, mas não necessariamente (pelo menos não sempre) serão melhores.

Nesta sucinta análise de dados, investigam-se, de início, alguns aspectos numéricos do STJ e do STF, que são os Tribunais de maior diversidade na organização do sistema judiciário brasileiro[31]. Nestes Tribunais, os índices de provimento de recursos de Embargos de Declaração deveriam, de regra, a partir das premissas de razão de multidões, ser inferiores no âmbito dos órgãos que agregam maior número de membros. Isto porque os Embargos de Declaração, na nossa processualística, servem precisamente para retificar *vícios na decisão judicial*, de modo que índices de acolhimento do recurso indicam, ainda que indiretamente, índices de desacerto. Portanto, a partir da lógica de razão de multidões, o desempenho das seções do STJ (1ª, 2ª & 3ª), no que se refere ao acolhimento de Embargos de Declaração, deveria ser melhor que o desempenho de seus órgãos fracionários (1ª e 2ª Turmas, que integram a 1ª Seção; 3ª e 4ª Turmas, que integram a 2ª Seção; e 5ª & 6ª Turmas, que integram a 3ª Seção)[32], isto porque possuem o

---

31 Dispõe o art. 104, parágrafo único, da CF, que "os Ministros do Superior Tribunal de Justiça serão nomeados pelo Presidente da República, dentre brasileiros com mais de trinta e cinco e menos de sessenta e cinco anos, de notável saber jurídico e reputação ilibada, depois de aprovada a escolha pela maioria absoluta do Senado Federal, sendo um terço dentre juízes dos Tribunais Regionais Federais e um terço dentre desembargadores dos Tribunais de Justiça, indicados em lista tríplice elaborada pelo próprio Tribunal; um terço, em partes iguais, dentre advogados e membros do Ministério Público Federal, Estadual, do Distrito Federal e Territórios, alternadamente, indicados na forma do art. 94".

32 Dispõe o Regimento Interno do STJ que o "Tribunal funciona em Plenário e pelo seu órgão especial (Constituição, art. 93, XI), denominado Corte Especial; em Seções especializadas; em Turmas especializadas" (art. 2º). Diz ainda que "as Seções compreendem seis Turmas, constituídas de cinco Ministros cada uma. A Primeira e a Segunda Turmas compõem a Primeira Seção; a Terceira e a Quarta Turmas, a Segunda Seção; e a Quinta e a Sexta Turmas, a Terceira Seção. O Mi-

dobro do número de membros de qualquer das Turmas. Deste modo, as Seções do STJ deveriam, a princípio, desprover mais Embargos do que quaisquer das Turmas que as integram. Identicamente, o Plenário do STF deveria desprover mais aclaratórios do que as Turmas. No âmbito do STJ, a premissa se aplica perfeitamente para a 1ª, a 3ª, a 4ª, a 5ª e a 6ª Turmas:

Ilustração 1: Índices de provimento de recursos de Embargos de Declaração e de atribuição de Efeitos Infringentes ou Modificativos

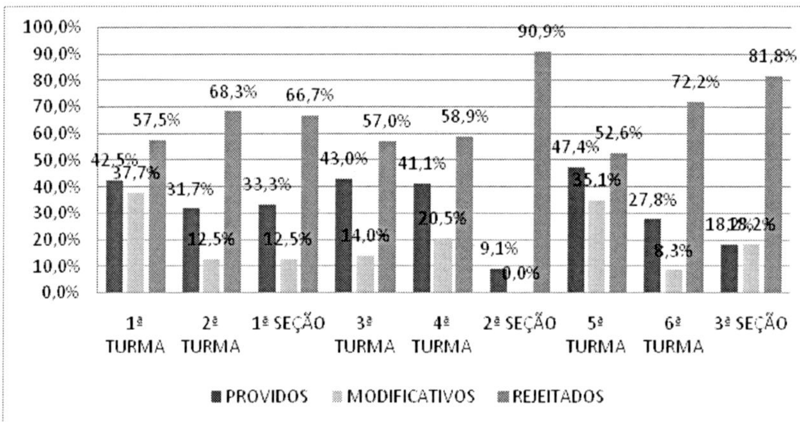

Fonte: Índices obtidos pelo autor a partir da análise individualizada de decisões do STJ no sistema de pesquisa de jurisprudência, proferidas ao longo de 2016 e de 2017[33].

Também se identificam, ressalvadas a 2ª e a 6ª Turmas, índices de acolhimento de *Embargos de Declaração com efeitos infringentes* (relativamente ao número de Embargos providos) inferiores no âmbito das Seções:

nistro mais antigo integrante da Turma é o seu presidente, observada a disposição do parágrafo anterior quanto à periodicidade" (art. 1º, §4º). SUPERIOR TRIBUNAL DE JUSTIÇA. Regimento Interno do Supremo Tribunal de Justiça de 7 de julho de 1989. Disponível em: < http://www.stj.jus.br/publicacaoinstitucional//index.php/Regimento/article/view/3115/3312>. Acesso em: 4 jun. 2017.

33 Resultado derivada da análise individualizada dos julgamentos proferidos pelos Tribunais no período.

Ilustração 2: Índices de provimento de recursos de Embargos de Declaração e de *Embargos de Declaração com efeitos infringentes* (relativamente ao número de Embargos providos)

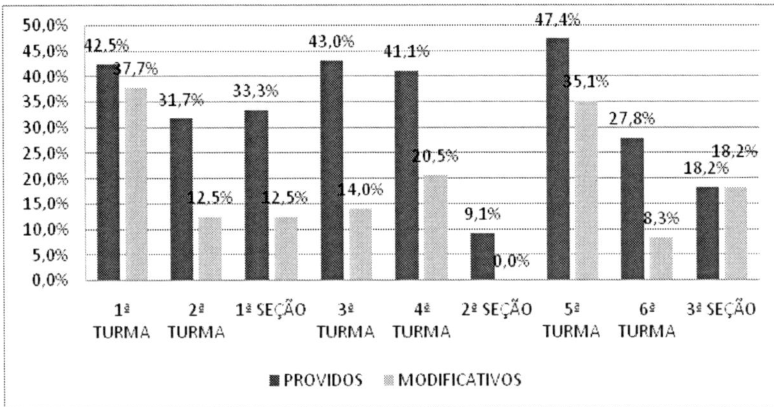

Fonte: Índices obtidos pelo autor a partir da análise individualizada de decisões do STJ no sistema de pesquisa de jurisprudência, proferidas ao longo de 2016 e 2017.

Estes *Embargos de Declaração com efeitos infringentes*, quando acolhidos, modificam o julgamento, a denotar desacertos mais profundos na decisão recorrida. Reitere-se que, ressalvadas a 2ª e a 6ª Turmas, índices de acolhimento de Embargos de Declaração Infringentes são inferiores no âmbito das Seções. Estas duas Turmas apresentam duas situações peculiares, destacando-se a 2ª Turma. Isto porque, apesar de, na 6ª, Turma o índice de Embargos de Declarações modificativos providos (8,3% dos Embargos providos possuíram *efeitos modificativos*) ser superior àquele identificado na 3ª Seção (18,2% dos Embargos providos possuíram *efeitos modificativos*), os índices absolutos de provimento de Embargos na 6ª Turma (27,8%) são superiores àqueles identificados na 3ª Seção (18,2%). Por se limitar, aqui, a análises quantitativas, o maior ou o menor desacerto (que pode ser apurado pelo índice de *Embargos de Declaração modificativos providos*) são secundários para avaliar o desempenho do órgão fracionário.

Portanto, a 2ª Turma é o maior oxímoro no âmbito do STJ. Isto porque, apesar de ser integrada por número inferior de membros, possui índices de provimento de Embargos de Declaração inferiores àqueles identificados na 1ª Seção, ao passo que, para as demais Turmas, os índices de provimento são sensivelmente superiores àqueles identificados nas suas respectivas Seções. Poder-se-ia argumentar que os

Ministros da 2ª Turma, ao se sentarem *en banc* junto a seus pares da 2ª Turma no âmbito da 1ª Seção, poderiam adotar posturas diversas; isto é, poderiam ser mais receptivos aos Embargos. Todavia, a análise individualizada do perfil individual de decisão induz inferências distintas:

Ilustração 3: Índices de provimento de recursos de Embargos de Declaração por Ministro da 1ª Seção do STJ

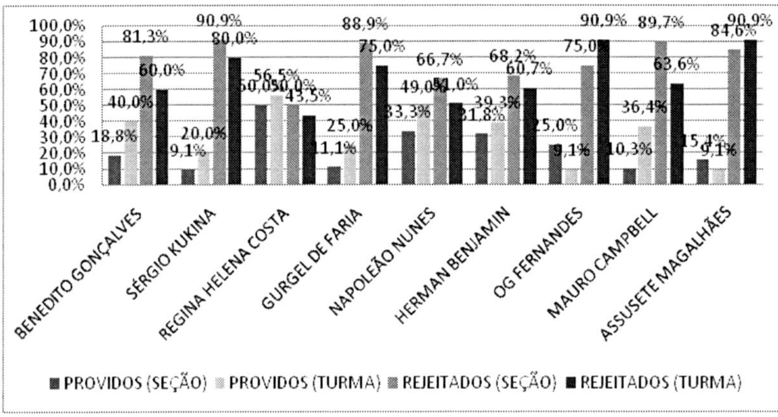

Fonte: Índices obtidos pelo autor a partir da análise individualizada de decisões do STJ no sistema de pesquisa de jurisprudência, proferidas ao longo de 2016 e 2017.[34]

Nota-se, nesta ilustração, que os Ministros da 1ª Turma – Benedito Gonçalves, Sérgio Kukina, Regina Helena Costa, Gurgel de Faria & Napoleão Nunes – proveram, no período analisado, mais Embargos de Declaração no âmbito da Turma do que no âmbito da Seção. Diferentemente, no âmbito da 2ª Turma, apenas os Ministros Herman Benjamin & Mauro Campbell apresentaram proporções similares. Todavia, os Ministros da 2ª Turma, quando reunidos *en banc* na 1ª Seção, participaram de modo disforme da distribuição de processos:

34 Excluiu-se o Ministro Francisco Falcão, que passou a integrar o STJ apenas a partir de setembro de 2016.

Ilustração 4: Percentual de Embargos de Declaração decididos por Ministros da 1ª Turma, quando reunidos *en banc* na 1ª Seção do STJ

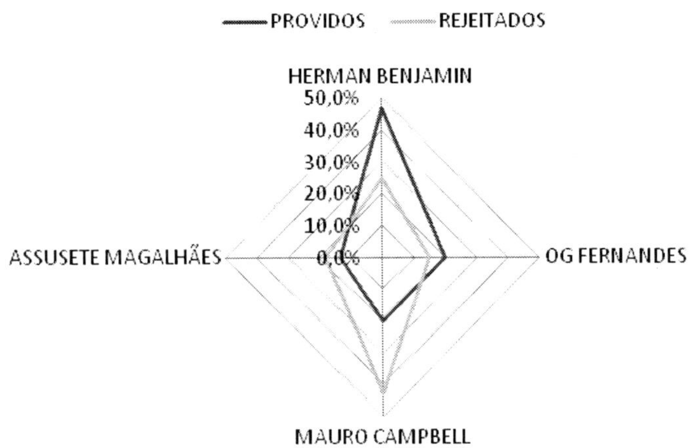

Fonte: Índices obtidos pelo autor a partir da análise individualizada de decisões do STJ no sistema de pesquisa de jurisprudência, proferidas ao longo de 2016 e 2017

Extraindo-se, a partir disso, a média ponderada dos resultados de decisão dos Ministros da 1ª Turma, nota-se que, na média, proveram 24,5% dos Embargos de Declaração quando reunidos na 1ª Seção, mas 36% quando reunidos na Turma. Porém, ainda assim, os índices de provimento de Embargos na 2ª Turma são inferiores. Portanto, poder-se-ia inferir que os índices de desacerto na Seção são superiores àqueles da Turma. Isso pode significar que órgãos de decisão integrados por menor número de membros podem decidir melhor. Essas premissas são identicamente identificadas no âmbito do STF:

Ilustração 5: Índices de provimento de recursos de Embargos de Declaração e de *Embargos de Declaração com efeitos infringentes* (relativamente ao número de Embargos providos)

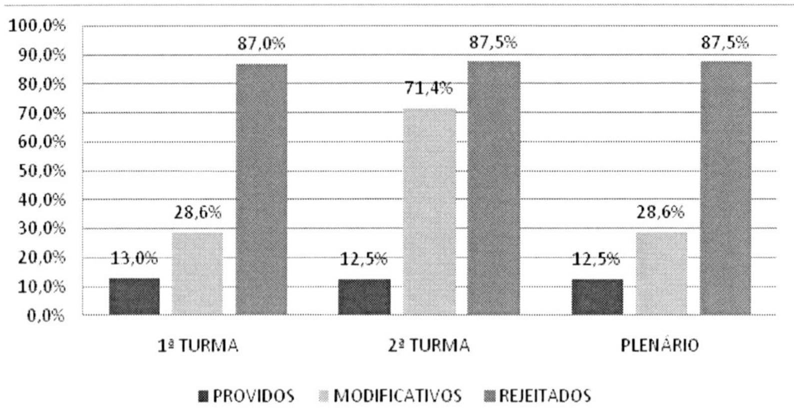

Fonte: Índices obtidos pelo autor a partir da análise individualizada de decisões do STF no sistema de pesquisa de jurisprudência, proferidas ao longo de 2016 e 2017

Nota-se que, no âmbito do STF, os índices da 1ª Turma são próximos dos índices do plenário. Isto pode denotar ausência de significativo melhor desempenho do pleno, integrado por número superior de Ministros. Este possível melhor desempenho, ainda que pontualmente, de órgãos judiciais integrados por número menor de juízes pode ainda ser deduzido da análise agregada dos índices de reversibilidade de decisões de 1ª instância e de decisões de 2ª instâncias. Presume-se que Tribunais de segunda instância produzam melhores decisões e, por isso, possuam menos decisões reformadas. Todavia, os dados divulgados pelo Conselho Nacional de Justiça no relatório *Justiça em Números* de 2014[35] informaram que, no âmbito de dois Tribunais de Justiça (TJs) – TJGO & TJPA –, os índices de reversibilidade das decisões de 2ª instância superaram os índices de reversibilidade das decisões de 1ª instância:

35 Dados mais recentes destes índices de reversibilidade, que não se incluíram nos relatórios posteriores. CNJ. **Justiça em Números 2014:** ano-base 2013. Brasília: CNJ, 2014.

Tabela 1: Índices de reforma de decisões na 1ª e 2ª instâncias dos Tribunais de Justiça Estaduais

TJ	REFORMA (1º GRAU)	REFORMA (2º GRAU)	DISTORÇÃO	PONTOS (ΔS)
AC	34,9%	12,2%	-65,0%	22,7%
AL	30,9%	16,8%	-45,6%	14,1%
AP	33,3%	19,4%	-41,7%	13,9%
DF	27,1%	14,6%	-46,1%	12,5%
GO	29,6%	59,1%	99,7%	-29,5%
MA	42,6%	12,6%	-70,4%	30,0%
MG	55,4%	21,2%	-61,7%	34,2%
MS	38,7%	11,0%	-71,6%	27,7%
MT	51,0%	6,5%	-87,3%	44,5%
PA	8,1%	9,4%	16,0%	-1,3%
PB	32,6%	10,4%	-68,1%	22,2%
PE	30,0%	4,8%	-84,0%	25,2%
PR	37,4%	12,4%	-66,8%	25,0%
RJ	23,7%	11,3%	-52,3%	12,4%
RN	41,5%	23,1%	-44,3%	18,4%
RO	35,6%	32,2%	-9,6%	3,4%
RR	46,6%	10,4%	-77,7%	36,2%
RS	37,6%	25,8%	-31,4%	11,8%
SC	35,3%	32,9%	-6,8%	2,4%
SP	34,3%	10,5%	-69,4%	23,8%
TO	31,7%	11,4%	-64,0%	20,3%

Fonte: Elaborada pelo autor a partir disponibilizados pelo CNJ

Poder-se-ia argumentar que isso se justifica precisamente porque os desacertos não retificados pelo TJ são posteriormente suprimidos pelos Tribunais Superiores. Todavia, a análise dos índices não revela qualquer paralelismo de ambos os dados, notadamente porque se baseiam no ano-base, abstraindo-se os processos julgados:

Ilustração 6: Linhas de média móvel dos índices de reforma de decisões dos Tribunais de Justiça dos Estados

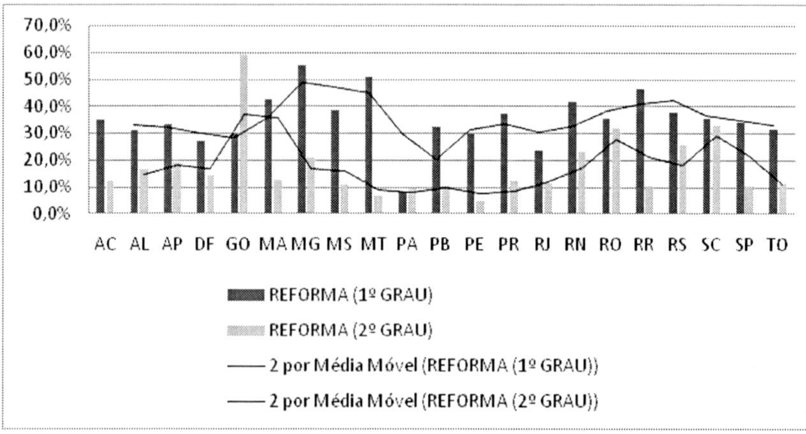

Fonte: Elaborada pelo autor a partir disponibilizados pelo CNJ

Embora a *média móvel* não seja o recurso matemático mais adequado para associar os dados de diferentes TJs, serve para demonstrar *tendências* e *medianas* de dados. Nota-se, a partir delas, que os índices de reforma são inteiramente assimétricos, de modo que os índices de reforma de decisões de primeira instância não podem ser, numericamente, associados aos índices de reforma de decisões de segunda instância. Portanto, os resultados obtidos nos TJGO e no TJPA podem significar que houve mais acertos praticados pelos juízes, monocraticamente, do que aqueles praticados por órgãos plúrimos de segunda instância.

Finalmente, no âmbito do TRF2 identificam-se, no período de dezembro de 2001 a março de 2016, quase 1500 (mil e quinhentas) decisões de provimento de Embargos Infringentes[36]. No âmbito do revogado CPC, os Embargos Infringentes, a partir das modificações introduzidas pela Lei nº 10.352/01, poderiam ser admitidos *quando o acórdão não unânime houve[sse] reformado, em grau de apelação, a senten-*

36 Dados obtidos pelo autor por meio de busca no sistema processual do Tribunal. Este período situa-se meio à data da publicação da Lei nº 10.352/01, que modificou as hipóteses de admissibilidade dos Embargos Infringentes, e à data do início da vigência do NCPC, que não mais previu os Embargos no rol de modalidades recursais.

ça de mérito, ou houve[sse] julgado procedente ação rescisória. Provimento dos Embargos significava, portanto, restabelecer a decisão do juízo de primeira instância, por meio da reforma de acórdão de órgão fracionário do Tribunal. Portanto, o provimento dos Embargos Infringentes pode significar que as decisões individuais de juízes se revelaram juridicamente melhores que aquelas proferidas pelo primeiro órgão fracionário do juízo de segunda instância.

Esses dados são apenas provocações numéricas para a discussão, porque, ressalte-se, a obra não se propõe a realizar investigações quantitativas aprofundadas. Isto se justifica porque as decisões judiciais mencionadas nas análises acima podem ser influenciadas por ampla miríade de premissas (instância do órgão julgador, alteração de membros, natureza das ações julgadas, data do julgamento, número e natureza das ações no período de análise) não analisadas para a sintetização dos dados. Esta limitação pode afetar a segurança das inferências neles baseadas. Isto é, os dados podem ou não significar algo relevante, mas incentivam investigações adicionais e induzem a pergunta: de que modo ou sob quais hipóteses juízes, singular ou agregadamente, poderão decidir melhor? Tentar-se-á responder à pergunta na próxima seção.

MELHORES RESULTADOS E DECISÕES COLEGIADAS

Decisões colegiadas e melhores resultados

Introdutoriamente, rememora-se diálogo na decisão do STF no paradigmático precedente "Raposa/Serra do Sol" (Pet 3388)[1], que introduziu parâmetros para a demarcação de Terras Indígenas. Em atípico diálogo[2], os Ministros Carlos Britto e Ricardo Lewandowski ar-

---

1 BRASIL. Supremo Tribunal Federal. Ação Popular. Demarcação da terra indígena Raposa Serra do Sol. Inexistência de vícios no processo administrativo-demarcatório. Observância dos arts. 231 e 232 da Constituição Federal, bem como da Lei nº 6.001/73 e seus decretos regulamentares. Constitucionalidade e legalidade da portaria nº 534/2005, do Ministro da Justiça, assim como do Decreto presidencial homologatório. Reconhecimento da condição indígena da área demarcada, em sua totalidade. Modelo contínuo de demarcação. Constitucionalidade. Revelação do regime constitucional de demarcação das terras indígenas. A Constituição Federal como estatuto jurídico da causa indígena. A demarcação das terras indígenas como capítulo avançado do constitucionalismo fraternal. Inclusão comunitária pela via da identidade étnica. Voto do relator que faz agregar aos respectivos fundamentos salvaguardas institucionais ditadas pela superlativa importância histórico-cultural da causa. Salvaguardas ampliadas a partir de voto-vista do Ministro Menezes Direito e deslocadas para a parte dispositiva da decisão. Petição nº 3388/RR. Requerente: Augusto Affonso Botelho Neto. Requerido: União. Relator: Ministro CARLOS BRITTO. Brasília, 25 de setembro de 2009. **RTJ,** Brasília, 25 de setembro de 2009, vol. 12, p. 49.

2 MINISTRO CARLOS BRITTO (RELATOR): – Senhor Presidente, quanto à liminar, Vossa Excelência vai proclamar o resultado? Temos sete votos pela concessão.
MINISTRO GILMAR MENDES (PRESIDENTE): – Mas houve o pedido de vista do Ministro Marco Aurélio. Vamos aguardar.
MINISTRO CARLOS BRITTO (RELATOR): – Houve deliberação, sete votos já pronunciados.
MINISTRO RICARDO LEWANDOWSKI: – A situação, *data venia*, está irreversível, salvo se alguém mudar de posicionamento.
MINISTRO GILMAR MENDES (PRESIDENTE): – Quer dizer, nós concedemos a liminar com a possibilidade de aguardar o julgamento, então vamos

guiram que, por haver uma maioria já constituída, não seria necessário aguardar o voto-vista do Ministro Marco Aurélio para se proclamar o resultado, porque, sugeriram, nada alteraria o julgamento. Por isto, o Ministro Marco Aurélio indagou ao Ministro Presidente, Gilmar Mendes, *se o Plenário ainda é um Colegiado*. Isto apenas intensifica a notória natureza mais numérico-individualista e menos deliberativa--argumentativa da integração dos membros do STF. Mas por que uma instituição desenhada para deliberar sobre as questões jurídicas mais difíceis e polêmicas do país, por isso integrada por não apenas alguns, mas onze membros de notório saber jurídico, publicamente pretere a não menos relevante opinião de um de seus integrantes?[3]

aguardar o julgamento. Ministro Marco Aurélio certamente trará com a brevidade possível.
MINISTRO CARLOS BRITTO (RELATOR): – Senhor Presidente, peço a Vossa Excelência para reconsiderar porque nós votamos a matéria.
MINISTRO GILMAR MENDES (PRESIDENTE): – Mas houve o pedido de vista também em relação à cautelar.
MINISTRO MARCO AURELIO: – Presidente, indagaria a Vossa Excelência se o Plenário ainda é um Colegiado.
MINISTRO CARLOS BRITTO: – Sim, mas exatamente porque é um colegiado que ele decidiu.
MINISTRO MARCO AURELIO: – Excelência, então seria o caso de cassar a vista que pedi do processo. Vossa Excelência propõe a cassação do pedido de vista? Chega a esse ponto, a essa teratologia? Oh, Ministro Carlos Ayres Britto!
MINISTRO CARLOS BRITTO: – Não cabe o pedido de vista quando temos a maioria já formada.
MINISTRO MARCO AURÉLIO: – Não cabe?
MINISTRO CARLOS BRITTO: – Nesse particular não. Quanto à cautelar.
MINISTRO MARCO AURÉLIO: – Após trinta anos de Colegiado, estou aprendendo com Vossa Excelência.
MINISTRO CARLOS BRITTO (RELATOR): – Eu não entendo como cabe um pedido de vista em uma cautelar, se ela já foi cassada e decidida. É não pedir vista. Seria uma postura de Vossa Excelência. Mas é o Presidente quem decide.

3 Discussões similares ocorreram no âmbito do Tribunal de Justiça de São Paulo, que discute se *relatores de processos sobre conflitos de competência podem ignorar desembargadores que demoram para apresentar votos em julgamento virtual – ou, às vezes, nem sequer se manifestam – nas Turmas Especiais*. TJ-SP discute se relator pode ignorar quem não apresenta voto virtual". *Conjur*, São Paulo, 29 mar. 2017. Disponível: <http://www.conjur.com.br/2017-mar-29/tj-sp-discute-ignorar-quem-nao-apresenta-voto-virtual>. Acesso em 05 mai. 2017.

Isto pode ser respondido *a contrario sensu* por meio da Teoria da Mão Invisível de Adam Smith[4]. De acordo com a Teoria, sob padrões ideais de competição, mercados possuirão perfeitas habilidades de produção e de alocação (eficiência de Pareto). Esta justificação-de-mão-invisível[5] se aplicou a institutos e instituições dos Estados modernos *e.g.* Separação de Poderes – a ambição recíproca dos Poderes se anularia, produzindo liberdade e alguma *ordem espontânea*[6]. Justificações de mão-invisível possuem, sobrepostamente, a presunção de que algum bem surgirá da ação descentralizada de indivíduos: justificações de mão-invisível[7] decorrem, portanto, da associação de (i) algum mecanismo de mão-invisível, de (ii) alguma Teoria axiológica que identifica o benefício social derivado daquele processo e de (iii) algum mecanismo que aponta o modo pelo qual o processo produz aquele benefício[8]. É simples perceber, assim, que a instituição de núcleos plúrimos de decisão – ligados à premissa de *wisdom of crowds* – ampara-se em um processo de mão-invisível: presume-se que membros indicados por processos pré-definidos, reunidos *en banc*, deliberarão e alcançarão resultados melhores do que quaisquer de seus membros individualmente poderiam alcançar.

---

4 SMITH, Adam. **The Wealth of Nations**. New York: Random House, 1937.

5 Justificações de mão-invisível podem ser definidas como aquelas que "explain what looks to be the product of someone's intentional design, as not being brought about anyone's intention". NOZICK, Robert. **Anarchy, State and Utopia.** New York, NY: Basic Books, 1974, p. 19.

6 VERMEULE, Adrian. "The Invisible Hand in Legal and Political Theory". **Virginia Law Review,** vol. 96, nº 1417, 2010, pp. 1418-1419.

7 Definição de justificações de mão-invisível é apresentada por Ullman-Margalit: "an invisible-hand explanation explains a well-structured social pattern or institution. It typically replaces an easily forthcoming and initially plausible explanation according to which the explanandum phenomenon is the product of intentional design with a rival account according to which it is brought about through a process involving the separate actions of many individuals who are supposed to be minding their own business unaware of and a fortiori not intending to produce the ultimate overall outcome". ULLMAN-MARGALIT, Edna. "Invisible Hand Explanations", **Synthese**, vol. 39, nº 263, 1978,p. 267.

8 VERMEULE, Adrian. "The Invisible Hand in Legal and Political Theory". **Virginia Law Review,** vol. 96, nº 1417, 2010, pp. 1422.

Desenhos institucionais não requerem que membros de órgãos plúrimos deliberem e que alcancem determinado resultado (justificação de desenho institucional), mas a justificação de mão-invisível supõe que membros deliberarão e que disto advirão ótimas decisões. Não há, no RISTF[9], alguma disposição similar a: *antes de prolatar a decisão, relator e demais membros do Tribunal deliberarão amplamente sobre a matéria.* Espera-se, porém, que isso sobrevenha naturalmente, a partir de alguma justificação de mão-invisível. Para isso, porém, membros do núcleo colegiado deverão agir racionalmente, isto é, não poderão praticar desacertos sistemáticos[10], deverão possuir pretensões similares e decidir autonomamente[11]. Frustram, assim, o alcance do benefício do processo de mão-invisível padrões de atuação que não adiram a normas implícitas[12] – normas de interação, normas de deliberação – que anseiem a decisão acertada. Por isso, o padrão de interação na Pet 3388 não serve a nenhum propósito de processo de mão-invisível.

Isto ocorre porque a preferência dos agentes não é, necessariamente, pública, mas pode, sistemática ou ocasionalmente, ser auto-interessada[13]. Famosa representação disso se identifica no *knavery principle* de David Hume, que afirma que, ao instituir algum sistema

---

9 SUPREMO TRIBUNAL FEDERAL. Regimento Interno do Supremo Tribunal Federal de 27 de outubro de 1980. Estabelece a composição e a competência dos órgãos do Supremo Tribunal Federal, regula o processo e o julgamento dos feitos que lhe são atribuídos pela Constituição da República e a disciplina dos seus serviços. Disponível em: <http://www.stf.jus.br/arquivo/cms/legislacaoRegimentoInterno/anexo/RISTF_Setembro_2015_versao_eletronica.pdf>. Acesso em: 16 set. 2015.

10 Isso se aplica não aplica não apenas para *experts*, mas para quaisquer sistemas colegiados. CAPLAN, Bryan. **The Myth of the Rational Voter.** Princeton, NJ: Princeton University Press, 2006.

11 LADHA, Krishna. "The Condorcet Jury Theorem, Free Speech, and Correlated Votes". **American Journal of Political Science**, vol. 36, nº 3, 1992, p. 631.

12 *Cf.* VERMEULE, Adrian. "The Invisible Hand in Legal and Political Theory". **Virginia Law Review,** vol. 96, nº 1417, 2010.

13 Por isso James Madison afirmou que, se os homens fossem anjos, nenhum governo seria necessário; se anjos governassem os homens, nenhum controle interno ou externo seria necessário. MADISON, James. Federalist nº 51. In: MADISON, James; HAMILTON, Alexander; JAY, John. **The Federalist Papers.** Editado por Isaac Kramnick. London: Penguin, 1987, pp. 319-320.

de Governo e seus inúmeros mecanismos, os agentes públicos devem ser presumidos infames, sem nenhum outro propósito senão o próprio interesse[14]. Portanto, já que a justificação de mão-invisível não oferece algum modelo abrangente para apontar a razão pela qual colegiados decidirão melhor, por não serem os agentes sempre publicamente intencionados, melhores modelos de justificação para boas decisões devem ser institucionais, mais objetiváveis e menos independentes das intenções individuais dos agentes.

Nesta linha, Surowiecki afirma que são necessárias quatro premissas iniciais para a obtenção de melhores resultados no âmbito de colegiados: (i) diversidade de opinião (pessoas deveriam possuir alguma informação privada); (ii) independência (opiniões pessoais não deveriam ser determinadas pelas opiniões dos outros membros); (iii) descentralização (pessoas deveriam possuir a habilidade de se aperfeiçoar e desenvolver sabedoria); e (iv) agregação (deveria haver alguns mecanismos para converter julgamentos privados em decisões coletivas)[15]. Estes pressupostos, alegadamente, aumentam a informação e minimizam os desacertos[16].

---

14 "in contriving any system of government, and fixing the several checks and controls of the constitution, every man ought to be supposed a knave, and to have no other end, in all his actions, than private interest". HUME, David. **Essays and Treatises on Several Subjects.** Vol. 1. Londres: Millar, 1777, p. 37.

15 "Diversity and independence are important because the best collective decisions are the product of disagreement and contest, not consensus or compromise. An intelligent group, especially when confronted with cognition problems, does not ask its members to modify their positions in order to let the group reach a decision everyone can be happy with. Instead, it figures out how to use mechanisms – like market prices, or intelligent voting systems— to aggregate and produce collective judgments that represent not what any one person in the group thinks but rather, in some sense, what they all think. Paradoxically, the best way for a group to be smart is for each person in it to think and act as independently as possible". SUROWIECKI, James. **The Wisdom of Crowds.** New York, NY: Anchor Books, 2005, pp. XIX-XX.

16 "the four conditions that characterize wise crowds: diversity of opinion (each person should have some private information, even if it's just an eccentric interpretation of the known facts), independence (people's opinions are not determined by the opinions of those around them), decentralization (people are able to specialize and draw on local knowledge), and aggregation (some mechanism exists for turning private judgments into a collective decision). If a group sat-

Estes requisitos mínimos são necessários porque o comportamento humano não é sistematizado; ampara-se em algumas ocasiões na maximização, noutras não; pode resultar das preferências ótimas, mas noutras ocasiões das preferências aleatórias; resulta, ainda, para algumas hipóteses, da ótima acumulação de informação, noutros não[17]. Embora os membros do colegiado sejam profundamente qualificados, a qualidade de suas decisões dependerá, primordialmente, do desenho institucional, isto é, da maneira de agregação e arranjo dos indivíduos, qualitativa e quantitativamente[18]. Teorias relativas à análise do comportamento são multifacetárias, mas nenhuma delas rejeita a relevância do desenho institucional para o alcance de melhores resultados, independentemente das propriedades individuais dos julgadores.

Preocupações sobre o desenho institucional de júris nos Estados Unidos (EUA), a propósito, definiram decisões relevantes da SCOTUS.

---

isfies those conditions, its judgment is likely to be accurate. Why? At heart, the answer rests on a mathematical truism. If you ask a large enough group of diverse, independent people to make a prediction or estimate a probability, and then average those estimates, the errors each of them makes in coming up with an answer will cancel themselves out. Each person's guess, you might say, has two components: information and error. Subtract the error, and you're left with the information. Now, even with the errors canceled out, it's possible that a group's judgment will be bad. For the group to be smart, there has to be at least some information in the "information" part of the "information minus error" equation... think about what happens if you ask a hundred people to run a 100-meter race, and then average their times. The average time will not be better than the time of the fastest runners. It will be worse. It will be a mediocre time. But ask a hundred people to answer a question or solve a problem, and the average answer will often be at least as good as the answer of the smartest member. With most things, the average is mediocrity. With decision making, it's often excellence. You could say it's as if we've been programmed to be collectively smart". SUROWIECKI, James. **The Wisdom of Crowds.** New York, NY: Anchor Books, 2005, pp. 10-11.

17 BECKER, Gary. **The Economic Approach to Human Behavior.** Chicago, IL: The University of Chicago Press, 1990, p. 14.

18 Por isso, diz Sunstein, "wise groups and their managers are fully alert to the risks of suboptimal group processes and take concrete steps to counteract them... Wise groups rely on a combination of incentives e architecture, but they also benefit from certain personalities". SUNSTEIN, Cass; HASTIE, Reid. **Wiser**: Getting Beyond Groupthink to Make Groups Smarter. Boston, MA: Harvard Business Review Press, 2015, pp. 14-17.

Discorre David Kemp[19] que *júris foram solidamente parte do sistema inglês no momento da fundação dos Estados Unidos* e, baseando-se nesta história, *o artigo III da Constituição dos EUA estabeleceu que "o julgamento de todos os crimes, exceto em casos de impeachment, será realizada por júri"*. Posteriormente, a Sexta Emenda ampliou o alcance da norma, ao dispor que *em todos os processos criminais, os acusados gozarão do direito a um julgamento rápido e público, por um júri imparcial do Estado e do Distrito onde o crime haja sido cometido*. Tradicionalmente, porém, assumiu-se que o direito de julgamento por júri significava o direito a um júri de 12 pessoas. Neste sentido, a SCOTUS, no precedente *Thompson v. Utah*, afirmou que *o júri referido na Constituição original e na Sexta Emenda é um júri constituído, como era na common law, de doze pessoas, nem mais nem menos*[20].

Progressivamente, porém, a SCOTUS relativizou sua jurisprudência e admitiu júris integrados por número inferior de membros. Entretanto, afirmou no julgamento do precedente *Ballew v. Georgia*[21] que júris integrados por número inferior a 6 (seis) membros são inconstitucionais. Este julgamento é particularmente interessante porque nele o Tribunal, ao reconhecer a inconstitucionalidade daquele desenho numérico de júris amparou-se *inter alia* numa série de pesquisas que analisaram o desempenho de júris baseadas no número de jurados. Estas pesquisas, de Edwin Thomas & Clinton Fink[22], William

---

19 KEMP, David. "Júris compostos por seis pessoas para julgamentos de crimes". **Revista Estudos Institucionais,** vol. 2, nº 1, 2016, p. 439.

20 ESTADOS UNIDOS. United States Supreme Court. Requerente: Thompson. Réu: Estado de Utah. Julgado nº 553. Washington DC, 25 de abril de 1898.

21 ESTADOS UNIDOS. United States Supreme Court. Requerente: Claude Davis Ballew. Réu: Estado de Geórgia. Julgado nº 435. Washington DC, 1 de novembro de 1977.

22 THOMAS, Edwin; FINK, Clinton. "Effects of group size". **Psychological Bulletin,** nº 371, 1963.

Faust[23], Harold Kelley & John Thibaut[24], Richard Lempert[25] e Herbert Friedman[26], além de outros, indicaram que júris progressivamente menores possuem menores possibilidades de realizarem *deliberação efetiva* e que o número de jurados e a qualidade da *performance* do júri possuem uma relação direta. Expressamente, por isso, o Tribunal asseverou que *esses estudos, majoritariamente realizados após a decisão de Williams v. Florida em 1970, nos levam a concluir que o propósito e o funcionamento do júri em um julgamento criminal são seriamente prejudicados, e em um grau constitucional, pela redução a um número inferior a 6.*

Embora a SCOTUS haja admitido prontamente que não pretendia *discernir uma linha clara entre seis membros e cinco*, informou que *os dados reunidos levantam dúvidas substanciais sobre a confiabilidade e a representação apropriada de painéis menores que seis*. Portanto, o desenho institucional, ao menos reconhecidamente, pode afetar o resultado dos julgamentos. Nada obstante o Tribunal haja reconhecida a inconstitucionalidade de júris integrados por menos de 6 (seis) jurados, a desejabilidade por júris maiores possui premissas probabilísticas; significa dizer que possuem maior probabilidade de acertar, mas isso não significa que júris menores – ou mesmo juízes singularmente – não possam decidir melhor. Isso dependerá sobretudo do desenho.

Portanto, propõe-se que, para a obtenção de melhores resultados no ínterim de processos de decisão colegiados, deverão ser instituídos desenhos institucionais que incentivem a deliberação sincera[27],

23 FAUST, William. "Group versus individual problem-solving". **Journal of abnormal Psychology**, nº 59, 1959.

24 KELLEY, Harold; THIBAUT, John. "Group problem solving". In: LINDSEY, Gardner; E. ARONSON, Elliot(eds.). **Handbook of social psychology**. Reading, MA: Addison-Wesley, 1969.

25 LEMPERT, Richard. "Uncovering "Nondiscernible" Differences: Empirical Research and the Jury Size Cases". Michigan Law Review, nº 73, 1975.

26 FRIEDMAN, Herbert. "Trial by Jury: Criteria for Convictions, Jury Size and Type I and Type II Errors". **The American Statistician,** vol. 26, nº 2, 1972.

27 *Cf.* DA SILVA, Virgilio Afonso. "Deciding Without Deliberating". **International Journal of Constitutional Law**, vol. 11, Nº 3, 2013. Entenda-se deliberação aqui num sentido menos abstrato e mais dialógico que aquele presente na Filosofia, que, para Maya Sen, se refere apenas a um "ideal normativo, ao invés de uma modelo realizável" no âmbito do Judiciário. *Cf.* SEN, Maya. "Courting deliberation: an essay on deliberative democracy in the American Judicial System". **Notre Dame Journal of Law, Ethics & Public Policy**, vol. 27, 2013.

a diversidade[28], a colegialidade[29], a imparcialidade e a autonomia dos

---

28 Exigências de diversificação da composição de Tribunais são relevantes porque "requirements of this sort trade off some scientific competence, at the margin, for greater representation of affected interests and reduced correlation of errors at the group level...; balanced panels of this sort can create overall gains by sacrificing some expertise for a reduce chance that the biases of any one affected interest will dominate". VERMEULE, Adrian. **The Constitution of Risk.** New York: Cambridge University Press, 2014, pp. 172-173; "the views of voters may be causally influenced by the views of other voters; so long as positive correlation does not grow too high – so long as deliberation does not create too much groupthink – statistical aggregation can still work, depending on the precise degree of correlation and the precise size and competence of the group. The lesson for institutional design is not that deliberation should be banned, but that the group and its procedures should be well structured to preserve epistemic diversity". VERMEULE, Adrian. "Collective Wisdom and Institutional Design". **Harvard Public Law Working Paper,** nº 8, 2008; "The standard treatment of the Jury Theorem assumes that information is exogenous. If this assumption is relaxed, it is apparent that here is a tradeoff between the number of experts and the epistemic quality of their views. If information is exogenous, then the more experts, the more likely it is that the group decision will be accurate, so long as each is at least slightly better than random and holding all else constant. However, where experts must decide how much information to acquire – how much epistemic effort to invest in the panel's activities – increasing numbers makes each expert less likely to be the decisive vote, which reduces the effort each will expend. Increasing panel size need not increase the aggregate information panelists hold, because less information will be acquired. In short, with endogenous information, experts will have an incentive to engage in epistemic free riding". VERMEULE, Adrian. **The Constitution of Risk.** New York: Cambridge University Press, 2014, p. 169.

29 "Both theory and experience suggest that the best way to prevent information cascades from forming is to reward individuals on the basis of the accuracy of a majority vote within the group, rather than for individual accuracy. Under this reward structure, the individual's incentive is to reveal her private information to the group, maximizing the chance that (a majority of) the group as a whole will make the correct decision". VERMEULE, Adrian. **The Constitution of Risk.** New York: Cambridge University Press, 2014, p. 173. De acordo com Virgilio Afonso da Silva, "supreme or constitutional courts are always collegiate, in the sense that decisions are made by a group of persons, but this does not mean that collegiality is also a cogent feature of these courts", sendo que "collegiality implies, among other things, (i) the disposition to work as a team; (ii) the absence of hierarchy among the judges (at least in the sense that the arguments of any and all judges have the same value); (iii) the willingness to listen to argu-

Juízes[30], além da supressão dos potenciais desacertos dos colegiados[31]. Isto porque, reitere-se, as propriedades individuais submetem-se a inúmeros incentivos e influências institucionais que alteram seu alcance. *Had every Athenian citizen been a Socrates, every Athenian assembly would still have been a mob*, previram os Federalistas[32]. Por isso, se os desenhos não puderem ser perfeitamente projetados ou implementados, decisões mais individualistas ou decisão autocentradas poderão ser opção decisória segundo-melhor.

---

ments advanced by other judges (i.e. being open to being convinced by good arguments of other judges); (iv) a cooperativeness in the decision-making process; (v) mutual respect among judges; (vi) the disposition to speak, whenever possible, not as a sum of individuals but as an institution (consensus seeking deliberation)". DA SILVA, Virgilio Afonso. "Deciding Without Deliberating". **International Journal of Constitutional Law**, Vol. 11, Nº 3, 2013, p. 563.

30 "the broader lesson is that if groups are able to benefit from having diverge views, people will quickly learn that their own position is not universally held, and hence the bias is reduced. In these cases, group deliberation supplies an important corrective. Note that we're less likely to get that corrective if the group consists of like-minded people, where egocentric bias might be amplified". SUNSTEIN, Cass; HASTIE, Reid. **Wiser**: Getting Beyond Groupthink to Make Groups Smarter. Boston, MA: Harvard Business Review Press, 2015, p. 55.

31 Exemplo simplório disso, que pode significar aumento da qualidade decisória do colegiado por meio do desenho institucional, se identifica no art. 135 do Regimento Interno do Supremo Tribunal Federal, que determina que *concluído o debate oral, o Presidente tomará os votos do Relator, do Revisor, se houver, e dos outros Ministros, na ordem inversa de antiguidade*. Pretende-se, por meio disso, que Ministros mais modernos não sejam influenciados por Ministros mais antigos. SUPREMO TRIBUNAL FEDERAL. Regimento Interno do Supremo Tribunal Federal de 27 de outubro de 1980. Estabelece a composição e a competência dos órgãos do Supremo Tribunal Federal, regula o processo e o julgamento dos feitos que lhe são atribuídos pela Constituição da República e a disciplina dos seus serviços. Disponível em: <http://www.stf.jus.br/arquivo/cms/legislacaoRegimentoInterno/anexo/RISTF_Setembro_2015_versao_eletronica.pdf>. Acesso em: 16 set. 2015.

32 "Ainda que cada cidadão de Atenas tivesse sido um Sócrates, nem por isso a Assembléia dos Atenienses deixaria de ser tumultuosa". Federalist 55. "human beings do not generally consult a freestanding "preference menu" from which selections are made at the moment of choice; preferences can be a product of procedure, description, and context at the time of choice". SUNSTEIN, Cass. **Behavioral Law & Economics.** New York: Cambridge University Press, 2000.

Nas modalidades sequenciais de decisão, prevalecentes nos Tribunais, identificam-se práticas *caronistas*. Em painéis de *experts*, a manifestação de opiniões sequencialmente, por substituição à simultaneidade, propicia o *groupthink*, porque predispõe as cascatas, os mimetismos[33] e, ainda, sequelas de balizamento/enquadramento (*framing effects*[34]). Portanto, idealmente *experts* deveriam julgar simultaneamen-

---

33 VERMEULE, Adrian. **The Constitution of Risk.** New York, NY: Cambridge University Press, 2014, p. 172

34 "Human beings are subject to framing effects, which means that their decisions are influenced by how a decision is framed, even though the different frames reflect merely semantic differences rather than reality. By a "frame", we mean to refer to how a problem is presented to someone, or how people represent or define a decision from their own perspective". SUNSTEIN, Cass; HASTIE, Reid. **Wiser**: Getting Beyond Groupthink to Make Groups Smarter. Boston, MA: Harvard Business Review Press, 2015, p. 48. Isso justifica *e.g.* decisões divergentes de órgãos de Tribunais relatados por membros distintos: podem-se indicar dois julgamentos unânimes da mesma Turma do Tribunal Regional Federal da 2ª Região, de que participaram os mesmos membros, mas que possuíram resultados diametralmente opostos:
MANDADO DE SEGURANÇA. TRIBUTÁRIO. EXCLUSÃO DO ICMS DA BASE DE CÁLCULO DA CONTRIBUIÇÃO PREVIDENCIÁRIA PATRONAL. EQUIPARAÇÃO DO CONCEITO DE RECEITA BRUTA PARA INCIDÊNCIA DO PIS/COFINS. IMPOSSIBILIDADE. 1- Apesar do julgamento do RE nº 240.785, em 08/10/2014, pelo Plenário do STF, em sentido favorável à tese da impetrante, o precedente em questão somente produziu efeito entre as partes daquele processo, situação que foi inclusive destacada pelos votantes, em razão da alteração substancial da composição da Corte, sendo que boa parte dos atuais Ministros não participou da referida votação. 1. Assim, inexiste, até o momento, precedente vinculativo do STF sobre a matéria em apreço, que aguarda a conclusão da ADC nº 18-DF e do RE nº 544.706, submetido à sistemática da repercussão geral, pelo Plenário daquela Corte. 3- Segundo a jurisprudência dominante do STJ e desta Corte, o ICMS integra a base de cálculo da contribuição para o PIS e da COFINS. 1. Em relação à contribuição previdenciária patronal, outra não pode ser a conclusão, pois de acordo com a Lei 12.546/11, incide sobre a receita bruta, da mesma forma que o PIS/COFINS, tendo o Parecer Normativo RFB nº 03/2012 equiparado o conceito de receita bruta para ambos os tributos. 2. Remessa necessária e apelação da União providas e apelação da impetrante prejudicada.
BRASIL. Tribunal Regional Federal (2. Região). Mandado de Segurança. Tributário. Exclusão do ICMS da base de cálculo da contribuição previdenciária patronal. Equiparação do conceito de receita bruta para incidência do PIS/COFINS. Impossibilidade. Apelação Civil/Reexame Necessário nº 2014.50.01.111973-7/

te, mas no mundo real a simultaneidade não pode ser obtida de maneira simples: normalmente, discussões anteriores às decisões[35] permitirão

RJ. Apelante: Royal do Brasil Indústria de Perfis de PVC Ltda. e Outro. Apelado: os mesmos. Relator: Desembargador Federal LUIZ ANTONIO SOARES. Rio de Janeiro, 14 de setembro de 2015.
TRIBUTÁRIO. APELAÇÃO. PEDIDO MERAMENTE DECLARATÓRIO. INCLUSÃO DO ICMS NA BASE DE CÁLCULO DA CONTRIBUIÇÃO AO PIS E DA COFINS. IMPOSSIBILIDADE. ARTIGO 195, INCISO I, ALÍNEA B, CF. CONCEITO CONSTITUCIONAL DE FATURAMENTO. RECEITA DE TERCEIRO. 1 – Apelação interposta contra sentença que, julgando improcedentes os pedidos da parte, negou a possibilidade de exclusão do ICMS da base de cálculo da contribuição ao PIS e da COFINS. 2 – O conceito de faturamento, nos termos da redação originária da Constituição Federal, corresponde às receitas advindas da venda de mercadorias pela empresa. 3 – Apenas as entradas que acrescem ao patrimônio do contribuinte, como elemento novo e positivo, estão sujeitas à exigibilidade do PIS/COFINS. 4 – Sendo o ICMS receita pertencente a terceiro, vez que o empresário, antes mesmo de comercializar seus bens, já sabe que terá de recolhê-lo aos cofres da Fazenda Estadual, não pode ser incluído na base de cálculo dessas contribuições. 5 – Do contrário, contribuintes em situação idêntica poderiam sofrer discriminação apenas porque sujeitos a alíquotas de ICMS maiores/menores, a depender de cada Estado-membro, o que é vedado pelo artigo 150, inciso II, da CF. 6 – Nessa linha, o acórdão proferido pelo STF, por maioria de votos, no julgamento do RE 240.785/MG (Informativo STF nº 762). 7 – Direito da Impetrante à não inclusão do ICMS na base de cálculo da contribuição para o PIS e da COFINS. 8 – Recurso de apelação provido.
BRASIL. Tribunal Regional Federal (2. Região). Tributário. Apelação. Pedido meramente declaratório. Inclusão do ICMS na base de cálculo da contribuição ao PIS e da Cofins. Impossibilidade. Artigo 195, inciso I, alínea b, CF. Conceito constitucional de faturamento. Receita de terceiro. Apelação Civil nº 2013.50.01.008106-0/RJ. Apelante: R R R S Perim-EIRELI. Apelado: União. Relator: Desembargadora Federal LETICIA DE SANTIS MENDES DE FARIAS MELLO. Rio de Janeiro, 22 de setembro de 2015.

35 "O Globo capta conversa de ministros no julgamento do mensalão". *Conjur*, São Paulo, 23 ago. 2007. Disponível em: <http://www.conjur.com.br/2007-ago-23/globo_capta_conversa_ministros_supremo>. Acesso em: 24 nov. 2015; "Troca de mensagens gera mal-estar no STF". *Folha de São Paulo*, São Paulo, 24 ago. 2007. Disponível em: <http://www1.folha.uol.com.br/fsp/brasil/fc2408200706.htm>. Acesso em: 24 nov. 2015; "Diálogo sugere acordo entre ministro e Planalto". *O Estado de São Paulo*, São Paulo, 24 ago. 2007. Disponível em: http://politica.estadao.com.br/noticias/geral,dialogo-sugere-acordo-entre-ministro-e-planalto,40190. Acesso em: 24 nº 2015.

a identificação do posicionamento do julgador. Por isso, por razão das dificuldades referentes à instituição de desenho institucional ideal, as decisões autocentradas podem ser não ruins.

Embora sejam desaprovadas por meio de argumentos pautados na argumentação e deliberação jurídicas[36], as decisões autocentradas não significam, necessariamente, a redução dos Tribunais a um *júri de crianças*[37]. Derivam de inúmeros aspectos do processo de decisão e podem ser justificadas por muitas razões. Por isso, Teorias normativas implicitamente sugerem que juízes, integrantes de algum Tribunal, deveriam se comportar como *juízo monocrático*[38]. Pode-se afirmar, assim, que, já que (i) colegiados podem, mas não necessariamente decidirão melhor; que (ii) colegiados podem, inclusive, majorar incorreções; que (iii) não há algum modelo abrangente sobre melhores decisões cole-

36 Teoria do direito demonstra particular apreço pelos procedimentos deliberativos como instrumentos de legitimidade democrática dos sistemas de decisão jurídica. *Cf.* MENDES, Conrado H. **Constitutional Courts and Deliberative Democracy.** Oxford: Oxford University Press, 2013.

37 Em Górgias, Socrates previu que seu julgamento seria equivalente àquele de um médico acusado por um cozinheiro, ante um júri de crianças.

38 KORNHAUSER, Lewis. "Deciding together". **Public Law & Legal Theory Research Paper Series Working Paper,** 13-65, 2013, p. 1; "the mere fact that some experts on a panel follow the views of other experts does not amount to groupthink, or necessarily reduce the overall epistemic competence of the group. If panel members defer to a highly competent opinion leader, group epistemic competence can increase overall. Equivalently, herding or information cascades cannot be inferred from the bare fact that some members of the panel copy the views of others. If the copying members have meta-expertise – if they are quite adept at figuring out who among them are the best experts – then copying can actually improve the group's overall performance". VERMEULE, Adrian. **The Constitution of Risk.** New York: Cambridge University Press, 2014, pp. 183; "it is important to understand that in relying on the statements or actions of their predecessors, group members are not acting irresponsibly. In fact. Informational cascades can occur when members are following rigorously rational thought processes. Group members might well be reacting sensibly to the informational signals they receive. If most people think that the venture is a good ideia, it's probably a good ideia. You should feel, sensibly, that you need a pretty strong conterargument if you are going to disagree with what your colleagues have said". SUNSTEIN, Cass; HASTIE, Reid. **Wiser**: Getting Beyond Groupthink to Make Groups Smarter. Boston, MA: Harvard Business Review Press, 2015, p. 67.

giadas; e que (iv) decisões colegiadas melhores podem ser justificadas apenas a partir de argumentos de desenho institucional, a decisão autocentrada não será necessariamente uma decisão ruim, mas poderá ser, pelo menos para algumas hipóteses, uma decisão segundo-melhor.

Decisões colegiadas e incentivos internos

Em artigo de opinião, Ivar Hartman asseverou que *os ministros do STF de hoje não têm qualquer receio de seu protagonismo; não têm pudor em falar à imprensa, não têm reservas em relação a bate-boca ao vivo na TV Justiça; não têm desconforto em decidir monocraticamente; não têm medo de ousar e ser voto vencido perante seus colegas*[39]. Essas mudanças sistêmicas incentivaram o individualismo de Ministros e a redução da colegialidade[40]. Entretanto, proposições de modelo de desenho institucional devem prevenir as alterações periódicas provocadas pelos ânimos dos indivíduos, que sempre serão afetados, indistintamente, por incentivos internos[41]. Nas seções anteriores, apresentaram-se argumentos relacio-

39 HARTMANN, Ivar. "Impeachment: Supremo de Dilma não é o mesmo Supremo de Collor". **Jota**, Brasília, dez. 2015.Disponível em: Disponível em: <http://jota.info/impeachment-supremo-de-dilma-nao-e-o-mesmo-supremo--de-collor>. Acesso em: 19 jan. 2016.

40 "O Globo capta conversa de ministros no julgamento do mensalão". *Conjur*, São Paulo, 23 ago. 2007.Disponível em: <http://www.conjur.com.br/2007-ago-23/globo_capta_conversa_ministros_supremo>. Acesso em: 24 nov. 2015 *Cf.* "Menos de 10% das análises do plenário virtual do STF têm participação de todos os ministros". *Migalhas*, São Paulo, 14 jan. 2016. Disponível em: <http://www.migalhas.com.br/Quentes/17,MI232416,21048-Menos+de+10+das+analises+do+plenario+virtual+do+STF+tem+participacao>. Acesso em: 19 jan. 2016; MENDES, Conrado Hübner. "Onze Ilhas". **Os Constitucionalistas**, Brasília, set. 2010. Disponível em: Disponível em: <http://www.osconstitucionalistas.com.br/onze-ilhas>. Acesso em: 27 dez. 2015.

41 "One of the most important insights regarding decision making by federal court of appeals judges is the recognition that panel composition matters. Appellate judges are influenced not only by their own preferences, but also by those of their colleagues with whom they hear cases". KIM, Pauline. "Deliberation and strategy on the United States Courts of Appeals: an empirical exploration of panel effects". **University of Pennsylvania Law Review**, vol. 157, 2009, p. 1374. No mesmo sentido: EDWARDS, Harry. "The effects of collegiality on judicial decision making". **University of Pennsylvania Law Review**, vol. 151, nº 5, 2003.

nados mais proximamente aos incentivos da instituição. Nesta seção, serão apresentados os incentivos internos dos agentes, que podem justificar decisões insinceras e limitadamente racionais. Discorrer-se-á individualmente sobre dois relevantes incentivos, meramente ilustrativos, que podem apresentar razões para as decisões autocentradas e que devem ser previstas nos rascunhos de desenhos institucionais.

Repulsão ao dissenso e cascatas.

Já se sabe que, quando sujeitos participam simultaneamente de determinado jogo, agem diferentemente dos sujeitos que participam do mesmo jogo isoladamente. Isto porque o padrão de decisão depende do meio. Embora os sujeitos sejam livres, suas decisões são afetadas pela presença de outras pessoas[42], nos níveis horizontal e hierárquico. Isto é, no âmbito judicial, juízes podem ser afetados por outros membros do próprio Tribunal e por Tribunais Superiores[43]. Portanto, juízes podem não divergir porque são influenciadas pelas opiniões de seus pares, porque não gostam de divergir sozinhos ou porque receiam a repercussão do dissenso[44]. Essas motivações são simplificadas no padrão atitudinal definido *aversão ao dissenso*.

---

42 BEDNAR, Jenna. Constitutional Change in Federations: The Role of Complementary Institutions. In: BENZ, Arthus; BROSCHEK, Jorg (editors). **Federal Dynamics: Continuity, Change, and the Varieties of Federalism**. Oxford, UK: Oxford University Press, 2013, p. 294.

43 Exemplificativamente, no julgamento dos Embargos Infringentes 201050010157087, o Desembargador Federal Luiz Paulo da Silva Araujo Filho afirmou que "a despeito de minha opinião pessoal, mas, consoante entendimento do STJ, descabida a condenação em honorários em favor da DPU, quando ela atua contra pessoa jurídica de direito público que integra a mesma Fazenda Pública. Precedentes (STJ: REsp 1199715, AgRg no REsp 1397109 e AgRg no REsp 1444300)".
BRASIL. Tribunal Regional Federal (2. Região). Embargos Infringentes. Honorários sucumbenciais em favor da Defensoria Pública da União. Embargos de Divergência nº 201050010157087/ES. Autor: Eloi Bento. Réu: Instituto Nacional do Seguro Social. Relator: Desembargador Federal LUIZ PAULO DA SILVA ARAUJO FILHO. Rio de Janeiro, 16 de fevereiro de 2017.

44 SUNSTEIN, Cass; HASTIE, Reid. **Wiser**: Getting Beyond Groupthink to Make Groups Smarter. Boston, MA: Harvard Business Review Press, 2015, pp. 36-39

Por razão da aversão ao dissenso, juízes deixam de divergir mesmo que discordem da decisão[45]. Para Lee Epstein, a aversão ao dissenso é *demonstração de comportamento que nem o legalismo nem o realismo podem justificar, mas que um modelo mais rico de análise de incentivos e*

("there are two reasons why exposure to the views of others might lead people not to disclose or act on what they know. The first reason people might stay silent involves the information conveyed by what other people say and do. Suppose that most people in your group believe that some proposition is true. If so, you have reason to believe that the proposition is in fact true, and this reason might seem to outweigh your purely private reasons to believe that the proposition is false... If the group contains one or more people who are known to be authorities or who otherwise command a lot of respect, then other group members are likely to silence themselves out of deference to the perceived or real authority. Moreover, people do not like being sole dissenters... The psychologist Soloman Asch memorably established this point in his famous experiments involving judgments of the lengths of straight lines drawn on cards, in which he found that most groups members were willing, at least once, do defer to the group's clearly false judgments, at least when members of the group were otherwise unanimous. In other words, people were prepared to ignore the evidence of their own sense in order to agree with everyone else... The second reason for self-silencing involves the consequences of speaking up and dissenting. People might be silent not because they think that they must be wrong (as in the case of informational pressure), but instead to avoid the risk of social punishment of various sorts... Even in societies and organizations that are strongly committed to freedom and honesty, people who defy the dominant position within the group risk a form of disapproval that will lead them to be less trusted, less liked, and less respected in the future").

45 EPSTEIN, Lee; LANDES, William M.; POSNER, Richard A. **The Behavior of Federal Judges: A Theoretical and Empirical Study of Rational Choice**. Cambridge: Harvard University Press, 2013, p. 255. Isso não ocorre apenas nos Tribunais, mas noutros núcleos de decisão: "a disagreement between the two opinion-givers may make the final decision less legitimate than it would have been if only one or the other opinion-giver had been consulted. If the House approves a bill and the Senate votes it down, the result may be more public discontent than if the bill had simply been rejected by a unicameral legislature. Although a high court composed of a left-party bloc and a right-party bloc will provide extra legitimacy to decisions on which the two blocs agree, disagreement between the blocs will exacerbate political tensions, perhaps even to a higher level than would occur were the Court dominated by a single viewpoint". VERMEULE, Adrian. **The Constitution of Risk.** New York: Cambridge University Press, 2014, p. 157.

constrangimentos pode[46]. Esta análise demonstra que o dissenso possui ônus decisórios; apesar de o dissenso poder ser reputado relevante nos processos de decisão judiciais[47], juízes podem não possuir incentivos suficientes para realizá-lo[48], por razão do interesse de manifestação de harmonia dos membros do Tribunal; pelo desgaste necessário para redigir a opinião divergente; pela redução de legitimidade da decisão do painel nas ocasiões de dissenso[49]; pelo desejo de inibir ou reduzir

---

46 EPSTEIN, Lee; LANDES, William M.; POSNER, Richard A. **The Behavior of Federal Judges: A Theoretical and Empirical Study of Rational Choice.** Cambridge: Harvard University Press, 2013, p. 12.

47 "concurring opinions mediate beneficial tradeoffs between the advantages of seriatim and suppressed systems, and between predictive and precedential understandings of judicial decision making. They alleviate the difficulty of accommodating many desirable but often competing virtues of a judicial system. By permitting concurrences, even where they muddy the law, courts optimally balance transparency, legitimacy, clarity, stability, and economy". FRIEDMAN, Barry; MARTIN, Andrew; BENNETT, Thomas; SMELCER, Susan. "Divide and Concur: Separate Opinions and Legal Change" (no prelo), pp. 103-104.

48 *Cf.* GINSBURG, Douglas. "The Bahavioral of Federal Judges: a View from the D. C. Circuit". **Judicature,** vol. 97, nº 2, 2013. Neste artigo, o Juiz de Apelação Ginsburg relata que "Harry Edwards became the new chief judge and made it a priority to restore collegiality among the judges; that he did with remarkable success, and his efforts have been continued by the three chief judges since. His becoming chief judge marked the end of the court's practice of seating visiting judges. In relatively short order, the number of times the full court seat en banc to rehear a case previously decided by a panel of three judges dropped significantly: The number of rehearings en banc averaged six per year in the 1980s,25 three in the 1990s,26 and less than one in the first decade since. In my view, these declining numbers reflect in part the increasing level of mutual trust and respect among the judges".

49 Exemplo disso ocorreu no julgamento da Remessa Ex Offício 2010.51.01.011632-4 pelo Tribunal Regional Federal da 2ª Região, que afastou a orientação em repercussão geral do STF para aplicar a decisão minoritária do Ministro Teori Zavascki: "Outrossim, em que pese o entendimento externado pelo Eg. STF, em votação não unânime no RE nº 631.389/CE, em regime de repercussão geral (Pleno, Relator: Min. MARCO AURÉLIO DE MELLO, j. em 25.09.2013, Informativo 721), no sentido de que "Os servidores inativos e pensionistas do Departamento Nacional de Obras Contra as Secas – DNOCS têm direito à Gratificação de desempenho do Plano Geral de Cargos do Poder Executivo – GDPGPE, prevista na Lei 11.357/2006, em percentual igual ao dos servidores

reformas da decisão por Tribunais Superiores. Estes aspectos impactam intercambiavelmente os processos de decisão[50].

Inclusive, o Ministro Marco Aurelio afirmou que, quando passou a integrar o STF, *havia uma preocupação, tentavam afastar a divergência*[51]e, no âmbito da Suprema Corte americana, os ajustes privados realizados entre Ministros permitem a construção de opiniões majoritárias que desestimulam o dissenso[52]. Deve-se notar, a propósito, que,

---

ativos, até a implantação do primeiro ciclo de avaliação de desempenho" -, adoto o entendimento externado, no referido julgamento pelo Ministro TEORI ZAVASCKI, que sustentou que "a regra do art. 7º-A, § 6º, da Lei 11.784/2009 [...] traria uma avaliação de desempenho com efeitos desde a origem [...] [razão pela qual] fora, desde 1º.1.2009, de natureza jurídica pro labore faciendo". BRASIL. Tribunal Regional Federal (2. Região). Remessa Necessária. Administrativo. Constitucional. Gratificação de Desempenho de Atividade Técnico-Administrativa (Gdata). Gratificação de Desempenho de Atividade Cultural (Gdac). Natureza. Extensão aos Inativos/Pensionistas. Termo Final. Primeiro ciclo de avaliação. Reexame Necessário nº 2010.51.01.011632-4/RJ. Autor: Sindicato dos Trabalhadores do Serviço Público Federal no Estado do Rio de Janeiro – Sintrasef e Outros. Réu: União. Relator: Desembargador Federal MARCELO PEREIRA DA SILVA. Rio de Janeiro, 14 de outubro de 2015.

---

50 "judges themselves have often emphasized the important of collegiality in appellate courts (e.g., Edwards2003, Coffin 1994). The cost of dissent can also be motivated by the effort required to write, correspond to, a dissenting opinion. (Posner 1993). A dissenting opinion weakens the legitimacy of the panel's ruling, and frequent dissents can diminish the authority of the court. Dissenting opinions also impose a cost to the majority by increasing the likelihood that the ruling will be overturned (Kastellec2007, Cross & Tiller 1998) For the dissenting judge, the cost of dissent also reflects the fact that issuing too many dissents may diminish their signaling value; Ginsburg (1990) refers to this as the danger of crying wolf too often. This case captures the possibility of minority rule. If the minority judge feels strongly enough to dissent, and the majority's preferences are weak, they would choose to give in to the minority rather than face a dissenting opinion". FISCHMAN, Joshua. Decision-Making Under a Norm of Consensus: a Structural Analysis of Three-Judge Panels. **American Law & Economics Association Annual Meetings,** nº 58, 2007, pp. 4-5; 16.

51 "Em entrevista, Mello diz que não gosta de ser voto vencido". *Anajustra,* Brasília, 27 ago. 2014. Disponível em: <https://www.anajustra.org.br/noticia/9304/19/Em-entrevista-Mello-diz-que-nao-gosta-de-ser-voto-vencido>. Acesso em 20 out. 2015.

52 TUSHNET, Mark. "New Institutional Mechanisms for Making Constitutional Law". **Harvard Public Law Working Paper,** nº 15, 2015, pp. 5-6.

no âmbito do STF, o desenho institucional desmotiva o desacordo: de acordo com o RISTF[53], *se o Relator for vencido, ficará designado o Revisor para redigir o acórdão* (art. 135, §3º), e *se não houver Revisor, ou se este também tiver sido vencido, será designado para redigir o acórdão o Ministro que houver proferido o primeiro voto prevalecente* (art. 135, §4º), apesar de se afirmar que os Ministros do STF não se importam muito[54]. De qualquer modo, a aversão ao dissenso pode ser reputada motivação relevante para a ausência de deliberação sincera. Juízes podem ser incentivados a aderir à orientação de Tribunais de instâncias superiores e podem aderir à opinião majoritária para não se indispor junto a seus pares[55].

---

53 SUPREMO TRIBUNAL FEDERAL. Regimento Interno do Supremo Tribunal Federal de 27 de outubro de 1980. Estabelece a composição e a competência dos órgãos do Supremo Tribunal Federal, regula o processo e o julgamento dos feitos que lhe são atribuídos pela Constituição da República e a disciplina dos seus serviços. Disponível em: <http://www.stf.jus.br/arquivo/cms/legislacaoRegimentoInterno/anexo/RISTF_Setembro_2015_versao_eletronica.pdf>. Acesso em: 16 set. 2015.

54 "Brazilian Supreme Court foster an extreme individualistic attitude among its justices, an attitude that may be clearly perceived through the enormous amount of dissenting opinions that are published". DA SILVA, Virgilio Afonso. "Deciding Without Deliberating". **International Journal of Constitutional Law**, vol. 11, Nº 3, 2013, p. 583.

55 "But a bigger factor than either of these may be differences among panel members in intensity of preference for a particular outcome, couple with the phenomenon of dissent aversion. Suppose that for reasons of or correlated with ideology, or because of personal background or experiences, emotion, or any other factor likely to stir up a disagreement difficult to resolve by reasoned argument, one member of the panel feels strongly that the case should be decided one way, while the other judges, though inclined to vote the other way, do not feel strongly. One of those two may decide to go along with the third, the dissentient judge (especially if the case is unlikely to have much significance as a precedent), either treating intensity as compelling evidence of a correct belief or to avoid conflict, perhaps in the conscious or unconscious hope of reciprocal consideration in some future cases in which he has a strong feeling and the other judges do not. Once one judge swings over to the view of the dissentient judge, the remaining judge is likely to do so as well, for similar reasons or because of dissent aversion". POSNER, Richard A. **How Judges Think.** Cambridge, MA: Harvard University Press, 2010,p. 32; "Judges are assigned majority opinions to write and must do so in order to remain in good standing with their colleagues, but dissenting is optional. Since writing a dissenting opinion requires effort, a

Destarte, juízes não dissentirão, de maneira geral, a não ser que sobrevenham benefícios relevantes, *e.g.* influência de decisão dissidente e reputação do juiz divergente. Nos Estados Unidos, a reputação de Holmes e Harlan ampara-se sobretudo nas suas opiniões dissidentes. No Brasil, o Ministro Marco Aurelio já afirmou que *não estamos no colegiado para dizer amém como se fôssemos vaquinhas de presépio quanto ao relator*[56].Inclusive, o Ministro Celso de Mello realizou defesa pública de Marco Aurélio, ao afirmar que *aquele que vota vencido, por isso mesmo, deve receber o respeito de seus contemporâneos, pois a história tem registrado que, nos votos vencidos, reside, muitas vezes, a semente das grandes transformações*. Em pesquisa sobre o perfil de decisão dos Ministros do STF, a propósito, o Jornal NEXO[57] indicou que 71,5% das decisões do Tribunal são unânimes, sendo que 42% das decisões por maioria derivam de divergências singulares do Ministro Marco Aurélio:

judge will not dissent unless he anticipates a benefit that offsets that cost. One benefit is to undermine the influence of the majority opinion, with which by assumption he disagrees, although possible offsets are that a dissent will draw attention to the majority opinion and may even magnify its significance by exaggerating its potential scope in order to emphasize the harm that it will do. And undermining a majority opinion with which one disagrees is not and end in itself; the aim is to promote one's own legal views. The main benefits of dissenting thus derive from the influence of the dissenting opinion, and, a closely related point, the enhanced reputation of the judge who writes the dissent". EPSTEIN, Lee; LANDES, William M.; POSNER, Richard A. **The Behavior of Federal Judges: A Theoretical and Empirical Study of Rational Choice**. Cambridge: Harvard University Press, 2013, p. 256.

56 "Ainda hoje, julgo cada processo como se fosse o primeiro da minha vida". *Conjur*, São Paulo,12 jun. 2015.Disponível em: <http://www.conjur.com.br/2015-jun-12/entrevista-marco-aurelio-ministro-supremo-tribunal-federal>. Acesso em 20 out. 2015.

57 MARIANI, Daniel; LUPION, Bruno; ALMEIDA, Rodolfo. "Qual é o grau de discordância e concordância entre os ministros do Supremo". **Nexo**, São Paulo, mar. 2017.Disponível em: <https://www.nexojornal.com.br/especial/2017/03/21/Como-os-ministros-do-Supremo-se-aproximam-ou-se-distanciam-entre-si-de-acordo-com-suas-decis%C3%B5es>. Acesso em: 8jun. 2017.

Ilustração 7: Índices de decisões unânimes e majoritárias no STF

Fonte: Jornal NEXO

Isso não afasta, por óbvio, a possibilidade de juízes serem,por protocolo de decisão ou autossatisfação, divergentes. Neste sentido já se manifestou a Ministra do STJ, Nancy Andrighi, no julgamento do Recurso Especial 1.349.790/RJ, ao afirmar que *nunca [opôs] resistência ao fato de servoto vencido, ainda que de forma isolada, pois sempre [se] paut[ou] pela íntima convicção, jamais sucumbindo ao orgulho ou à vaidade de perder a relatoria de um processo ou de não estar filiada à corrente vencedora*[58].No âmbito da 1ª Turma do STJ, apesar de índices históricos de

58 "A divergência é saudável, estimulando o debate e a eclosão de novas ideias, não sendo de forma alguma motivo de demérito ou frustração. Por outro lado, há quase 14 anos no exercício do cargo de Ministra do STJ, sempre me curvei ao entendimento predominante desta Corte, apenas consignando, nos casos em que tive por apropriado, minha posição divergente. Para além do enorme respeito que nutro frente aos meus pares, tenho plena consciência do papel constitucional do STJ de uniformizar a jurisprudência em âmbito nacional. Entretanto, na condição de agente responsável pelo exercício desse papel, não pode o Ministro assumir uma postura resignada e comodista. Deve a todo momento questionar a jurisprudência, inclusive aquela sumulada, ciente de que a sociedade se encontra em constante transformação, circunstância que exige a contínua releitura da ordem jurídica, como fenômeno cultural que é, de sorte a atender aos novos anseios sociais... Na minha longa carreira de Juíza, repito, nunca tive a pretensão de que minhas decisões ou teses prevalecessem, mas sempre assumi o compromisso de votar com total imparcialidade e isenção, filiando-me apenas e tão somente às minhas convicções, ainda que isso implique a reforma dos meus julgados, a prolação de voto vencido ou a perda da relatoria dos processos" BRASIL. Superior Tribunal de Justiça. RECURSO ESPECIAL. PROCESSUAL CIVIL. OBRIGAÇÃO DE FAZER. DESCUMPRIMENTO. MULTA DIÁRIA. INTIMAÇÃO PESSOAL. AUSÊNCIA. SÚMULA N. 410-STJ. EXCLUSÃO DA PENA. PROVIMENTO. Recurso Especial nº 1349790/RJ. Recorrente: Banco Fininvest S/A. Recorrido: Paulo César Rodrigues e outro. Relator: MINISTRA MARIA ISABEL GALLOTTI. Brasilia, 25 de setembro de 2013.

unanimidade serem de aproximadamente 95%, o Ministro Napoleão Nunes Maia Filho apresentou, isoladamente, decisões divergentes a mais de 60% dos acórdãos não unânimes da Turma:

Ilustração 8: Índices de decisões unânimes e majoritárias da 1ª Turma do STJ

Fonte: Índices obtidos pelo autor a partir da análise individualizada de decisões do STJ no sistema de pesquisa de jurisprudência, proferidas ao longo de 2016 e 2017

Ilustração 9: Distribuição das decisões não unânimes da 1ª Turma do STJ

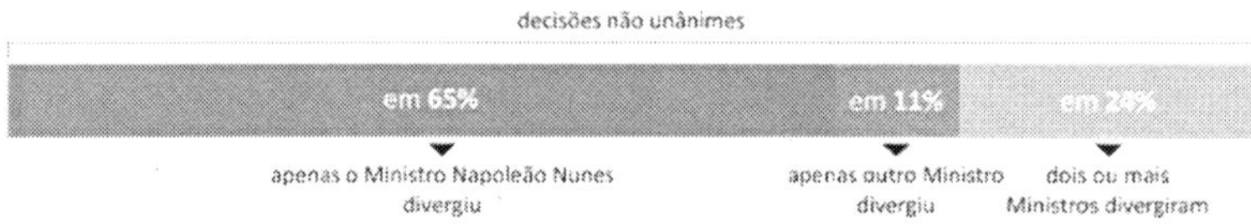

Fonte: Índices obtidos pelo autor a partir da análise individualizada de decisões do STJ no sistema de pesquisa de jurisprudência, proferidas ao longo de 2016 e 2017

Entretanto, na 1ª Turma, desconsiderado o Ministro Napoleão Nunes, os índices de proximidade dos Ministros são significativamente altos, inclusive nas decisões não unanimes:

Ilustração 10: Índices de aquiescência dos Ministros da 1ª Turma do STJ nas decisões não unânimes

	SÉRGIO KUKINA	REGINA HELENA COSTA	GURGEL DE FARIA	NAPOLEÃO NUNES
BENEDITO GONÇALVES	79,8%	79,0%	81,0%	16,7%
SÉRGIO KUKINA		73,4%	78,2%	15,1%
REGINA HELENA COSTA			76,6%	11,9%
GURGEL DE FARIA				14,3%

	SÉRGIO KUKINA	REGINA HELENA COSTA	GURGEL DE FARIA
BENEDITO GONÇALVES	79,8%	79,0%	81,0%
SÉRGIO KUKINA		73,4%	78,2%
REGINA HELENA COSTA			76,6%

Fonte: Índices obtidos pelo autor a partir da análise individualizada de decisões do STJ no sistema de pesquisa de jurisprudência, proferidas ao longo de 2016 e 2017

Ilustração 11: Índices absolutos de aquiescência dos Ministros da 1ª Turma do STJ[59]

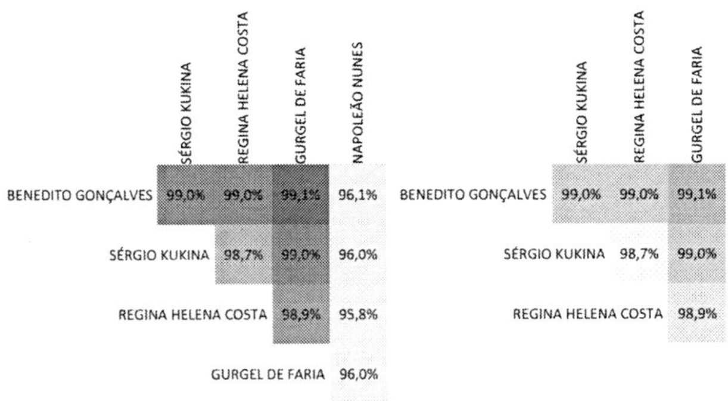

Fonte: Índices obtidos pelo autor a partir da análise individualizada de decisões do STJ no sistema de pesquisa de jurisprudência, proferidas ao longo de 2016 e 2017

Isso revela que a ausência de divergência é protocolo ordinário de decisão. Essas premissas são ratificadas por interessante pesquisa realizada por Roberto Kayat, no âmbito do Tribunal de Justiça do Estado do Rio de Janeiro[60]. Em resposta a questionários, 74% dos Desembargadores do Tribunal *reconheceram a influência de magistrados de sua própria câmara ou seção, por terem considerado melhor o posicionamento jurídico destes em algum caso levado a julgamento*;7,4% deles responderam *ter mudado de posição tão somente para evitar proferir um voto vencido*; 67% *admitiram mudança de posicionamento por influência da jurisprudência do STF ou do STJ, que consideraram melhor para a resolução do caso*; 55% *confirmaram mudança de entendimento tão somente para se adequarem à jurisprudência das cortes superiores, mesmo considerando melhor seus próprios posicionamentos originais*; 26% & 33,3% dos Desembargadores que participaram responderam, respectivamente,

59 Incluídas as decisões unânimes e as decisões não unânimes.

60 KAYAT, Roberto. **Efeitos sistêmicos nas decisões jurisdicionais colegiadas:** uma abordagem a partir de estudos de Adrian Vermeule e Robert Jervis. Rio de Janeiro, 2012. Dissertação (Mestrado em Direito), Universidade Federal do Rio de Janeiro, 2012.

que praticaram mudanças *decorrentes da influência ou da mera adequação à jurisprudência da corte local*[61].

Esta aversão pode ainda ser incentivada por *cascatas*, que ocorrem quando as pessoas são reciprocamente influenciadas a ponto de ignorarem informações privadas para aderir ao julgamento dos outros[62]. Existem, de acordo com Sunstein, cascatas informacionais, reputacionais e de disponibilidade. Na primeira, as pessoas se silenciam por respeito à informação apresentada por seus pares; na segunda, se silenciam para inibir a reprovação dos seus pares; na última, as pessoas alcançam determinados resultados sem, porém, racionalizá-los, por meio da difusão rápida de ideias que as provocam segurança decisória.

Heurísticas e *defaults*

Pessoas adotam heurísticas ou atalhos mentais que as levam a provocar desacertos previsíveis, além de se sujeitarem a alguns *vieses* ou *bias*[63]. Estas ideias, originadas no âmbito da Economia *behaviorista,* possuem a relevância de atribuir ao institucionalismo e à AED novas abordagens e métodos para a análise e interpretação da atuação de agentes, incluindo-se juízes[64]. Já que a obra pretende apresentar de modo abrangente os possíveis incentivos e influências que definem a ação de juízes, apresentam-se neste ponto as noções de Daniel Kahneman acerca de sistemas de pensamento 1 & 2, que revelam que

61 KAYAT, Roberto. **Efeitos sistêmicos nas decisões jurisdicionais colegiadas:** uma abordagem a partir de estudos de Adrian Vermeule e Robert Jervis. Rio de Janeiro, 2012. Dissertação (Mestrado em Direito), Universidade Federal do Rio de Janeiro, 2012, pp. 62-64.

62 SUNSTEIN, Cass; HASTIE, Reid. **Wiser**: Getting Beyond Groupthink to Make Groups Smarter. Boston, MA: Harvard Business Review Press, 2015, P. 63.

63 SUNSTEIN, Cass; HASTIE, Reid. **Wiser**: Getting Beyond Groupthink to Make Groups Smarter. Boston, MA: Harvard Business Review Press, 2015, p. 44. De acordo com Sunstein, pessoas se submetem a duas principais heurísticas: (i) de disponibilidade e de (ii) representatividade.

64 KOROBKIN, Russell; ULEN, Thomas. "Law and Behavioral Science: Removing the Rationality Assumption from Law and Economics". **California Law Review**, vol. 88, nº 4, 2000

o processo de tomada de decisões não é tão livre quanto se acha[65]. Estes sistemas, introduzidos pelos cientistas cognitivos Keith Stanovich e Richard West, apresentam métodos de pensamento amplamente analisados por Kahneman. No livro *Rápido e Devagar*, que discute *vieses de intuição* e operações dos sistemas, Kahneman reapresenta discussões introduzidas no artigo *Judgment Under Uncertainty: Heuristic and Bias*, que descreve "atalhos simplificadores do pensamento intuitivo e explic[a]... vieses como manifestações dessas heurísticas"[66].

Em síntese, nos planos do pensamento e da decisão, o *sistema 1* opera automática e rapidamente, por meio de pouco ou nenhum desgaste e nenhuma percepção de domínio voluntário. Este sistema ampara-se nas heurísticas ou nas intuições[67], associando-se a *defaults*. Por outro lado, o *sistema 2* aloca atenção às atividades mentais laboriosas que o requisitam, incluindo análises complexas e meticulosas avaliações de custo-benefício[68].

Decisões judiciais, logicamente, significam processos de *escolha* ou *seleção*, identicamente influenciados por vieses ou intuições. Por isso, afirma Kahneman, já que o *sistema 1* opera automaticamente e não pode ser desligado de maneira simples, *erros do pensamento intuitivo* muitas vezes são difíceis de prevenir. Mesmo quando dicas para prováveis desacertos são disponíveis, só podem ser prevenidos por meio

65 ARAUJO, Thiago Cardoso. **Análise Econômica do Direito no Brasil:** Uma Leitura à Luz da Teoria dos Sistemas. Rio de Janeiro: Lumen Juris, 2017, p. 127.

66 KAHNEMAN, Daniel. **Rápido e Devagar:** duas formas de pensar. Tradução de Cássio de Arantes Leite. Rio de Janeiro: Objetiva, 2012, p. 15.

67 *Heurística* e *intuição* possuem, para alguns autores, definições distintas: apesar de ambas servirem a processos de decisão instantâneos, *intuições* basear-se-iam na agregação rápida de informações, ao passo que *heurísticas* desprezariam informação. Mesmo referidos autores, porém, não realizam plena dissociação das definições *Cf.* HILBIG, Benjamin; SCHOLL, Sabine; POHL, Rüdiger. "Think or blink – is the recognition heuristic an "intuitive" strategy?". **Judgment and Decision Making**, vol. 5, nº 4, 2010. Nesta obra, porém, *heurísticas* e *intuições* serão adotadas intercambiavelmente para significar processos rápidos e instantâneos de decisão, baseados ou não nos processos informacionais.

68 SUNSTEIN, Cass; HASTIE, Reid. **Wiser**: Getting Beyond Groupthink to Make Groups Smarter. Boston, MA: Harvard Business Review Press, 2015, p. 9 ("careful cost-benefit analysis, a paradigmatic example of System 2 thinking, is also a crucial way of overcoming behavioral biases, including group biases").

do monitoramento acentuado e da atividade diligente do *sistema 2*. Porém, *questionar constantemente nosso próprio pensamento seria impossivelmente tedioso, e o sistema 2 é vagaroso e ineficiente demais para servir como um substituto para o sistema 1 na tomada de decisões rotineiras*[69].

Por isso, insiste Kahneman, atividades que impõem a intensa utilização do *sistema 2* requerem autocontrole, e a aplicação de autocontrole é desgastante e desagradável: após realizar o autocontrole numa atividade, o decisor não se sente disposto a se dedicar a outra, apesar de poder. Isto porque controlar pensamentos e comportamentos se refere a uma das atividades que o *sistema 2* realiza[70] e, nas hipóteses de desgaste provocado por impulsos voluntários, os indivíduos, incluindo-se os juízes, sentem-se menos dispostos ou menos hábeis para realizar autocontrole.

Demonstração destes apontamentos se apresenta na pesquisa "*Extraneous Factors in Judicial Decisions*"[71] que analisou 1.112 decisões de oito juízes israelenses, que julgavam requerimentos de liberdade condicional. De regra, juízes rejeitam os pedidos (aprovam em apenas 35% dos casos). Nesta pesquisa, indicada por Kahneman, porém, apontou-se que após os intervalos para refeições dos juízes, os índices de deferimento alcançaram 65%; mas, durante as duas horas até a refeição seguinte dos juízes, o índice de aprovação reduziu regularmente, até se aproximar de zero. Pôde-se afirmar, por isso, que juízes cansados e com fome possuíram, na pesquisa, maior propensão a adotar a posição *default* de negar os pedidos de liberdade[72].

Identicamente influenciados por Kahneman, Eyal Peer & Eyal Gamliel[73] apontam indícios obtidos de inúmeras pesquisas que suge-

---

69 KAHNEMAN, Daniel. **Rápido e Devagar:** duas formas de pensar. Tradução de Cássio de Arantes Leite. Rio de Janeiro: Objetiva, 2012, pp. 38-39.

70 KAHNEMAN, Daniel. **Rápido e Devagar:** duas formas de pensar. Tradução de Cássio de Arantes Leite. Rio de Janeiro: Objetiva, 2012, p. 55.

71 DANZIGER, Shai; LEVAV, Jonathan; AVNAIM-PESSO, Liora. "Extraneous Factors in Judicial Decisions". **Proceedings of the National Academy of Sciences**, vol. 108, nº 17, 2011.

72 KAHNEMAN, Daniel. **Rápido e Devagar:** duas formas de pensar. Tradução de Cássio de Arantes Leite. Rio de Janeiro: Objetiva, 2012, p. 58.

73 PEER, Eyal; GAMLIEL, Eyal. "Heuristics and Biases in Judicial Decisions", **Court Review,** vol. 49, 2013.

rem que juízes e outros profissionais do Direito podem se submeter a heurísticas que influenciem diretamente seus julgamentos. Referem-se, notadamente, à pesquisa de Bettina von Helversen & Jörg Rieskamp[74], que analisou a influência de *processos cognitivos nos processos de decisão judiciais*, a partir da investigação de padrões de atuação de promotores e juízes alemães. Mais particularmente, Helversen & Rieskamp indicaram que promotores e juízes (que aderem às recomendações dos promotores na maior parte dos julgamentos) desprezam mais aspectos relevantes nos julgamentos de ofensas menos graves. Isso se justificaria porque, *os casos mais sérios são menos frequentes, suscitam maior interesse público, têm maior probabilidade de recurso e, portanto, provavelmente serão atribuídos mais tempo e processados de forma mais sistemática*, de modo que, *se os promotores tivessem mais tempo para tomar decisões, todos os fatores relevantes seriam levados em consideração na tomada de decisão*[75].

Pode-se aplicar a mesma presunção para juízes que integram *cortes colegiadas*. Isto porque juízes, reitere-se, são racionalmente limitados: podem optar, por substituição à melhor decisão ou à decisão maximizadora, pela solução mais pragmática ou, ainda, podem involuntariamente decidir por influência de heurísticas e *defaults*[76]. Nestas

---

74 VON HELVERSEN, Bettina; RIESKAMP, Jörg. "Predicting Sentencing for Low-Level Crimes: Comparing Models of Human Judgment". **Journal of Experimental Psychology**, vol. 15, nº 4, p. 2009.

75 VON HELVERSEN, Bettina; RIESKAMP, Jörg. "Predicting Sentencing for Low-Level Crimes: Comparing Models of Human Judgment". **Journal of Experimental Psychology**, vol. 15, nº 4, p. 2009, pp. 388/389.

76 "Actors may make boundedly rational decisions for two somewhat different reasons. In some cases, actors faced with a decision might aim to make a satisfactory choice-one that meets a specified aspiration level rather than one that maximizes their utility. For the decision maker, such intentional "satisficing" behavior is often quite sensible in light of both the costs of obtaining and processing the information necessary to make maximizing choices and the cognitive limitations of human beings that often render utility-maximization physically impossible.... In other circumstances, boundedly rational decision making is an unintentional consequence of an unconscious use of heuristics in judgment and decision-making tasks". KOROBKIN, Russell; ULEN, Thomas. "Law and Behavioral Science: Removing the Rationality Assumption from Law and Economics". **California Law Review**, vol. 88, nº 4, 2000, pp. 1075-1076.

instituições, a decisão *default* – e *defaults* realmente importam[77] – é, precisamente, aderir à decisão anterior ou não divergir, além do que intuições pessoais dos juízes podem ser determinantes. Demais disso, as amplas pautas e numerosos processos[78] que aguardam julgamento incentivam a decisão autocentrada (sobretudo na modalidade adesiva), notadamente se antecedida por outra decisão que se alinhe às intuições do juiz[79]. Isto porque juízes não possuem disponibilidade para analisar individualmente as decisões de seus pares, sendo, ainda, amplamente afetados inconscientemente por suas decisões[80].Podem ainda

---

77 *Cf.* JOHNSON, Eric; GOLDSTEIN, Daniel. "Do Defaults Save Lives?" **Science,** vol. 302, 2003.

78 Demonstra o relatório "Justiça em Números 2014", do CNJ, que nos órgãos judiciais plúrimo (Tribunais Superiores; Tribunais de 2º Grau; Turmas Recursais; Turmas Regionais de Uniformização) distribuíram-se 9.129 novos processos por magistrado, que possuem já acervo acumulado de 20.665 processos. Estes órgãos possuem, acumuladamente, 4.790.604 processos. CNJ. **Justiça em Números 2014**. Brasília: CNJ, 2014; "Quando as pessoas se sentem sobrecarregadas, elas geralmente evitam totalmente a decisão. O ato de escolher utilizar recursos mentais escassos, que são necessários para a autorregulação, que é necessária para implementar decisões. Assim, quando enfrentam muitas escolhas, as pessoas podem achar que o ato de escolher é mentalmente exaustivo. Mesmo que façam uma escolha, elas podem perder a motivação para atuar sobre ela". BAZERMAN, Max; MOORE, Don. **Processo Decisório.** Tradução de Daniel Vieira. Rio de Janeiro: Elsevier, 2014, p. 118.

79 Exemplificativamente, no ano de 2012, durante julgamento de recursos, a juíza de alguma das Turmas Recursais dos Juizados Especiais Federais do Rio de Janeiro, após a prolação de dezenas de decisões unânimes acerca de prestação de medicamentos, realizou destaque de processo e indagou a juíza relatora sobre a inclusão de "fraldas" no conceito de "medicamento", isto porque afirmava não aquiescer com a apontada assemelhação. Esta respondeu que sim, que aplicava a apontada orientação já há muitas sessões, nas quais as decisões haviam sido identicamente unânimes.

80 "the disappearance of the conscious personality, the predominance of the unconscious personality, the turning by means of suggestion and contagion of feelings and ideas in an identical direction, the tendency to immediately transform the suggested ideas into acts; these, we see, are the principal characteristics of the individual forming part of a crowd". LE BON, Gustav. **The Crowd:** a Study of the Popular Mind. Mineola, NY: Dover, 2002, p. 8. Isso pode, quiçá, justificar índices históricos de decisão não-unânimes no âmbito do STJ e do TRF inferiores a 8% e 3%, respectivamente, que refletem inversamente o número de processos por magistrado, historicamente superior no STJ (índices maiores que

incentivar as decisões *default* a ignávia[81], o otimismo[82], a insipiência[83], a pretensão[84] e assim por diante.

150%). Por óbvio, os índices podem ser determinados pela natureza das ações julgados e pela relativa pacificidade das matérias nas instâncias superiores, o que, porém, não afasta os índices para propósitos indiciários.

81 For reasons of laziness, fear, and distraction, many people will take whatever option requires the least effort, or the path of least resistance. All these force simply that if, for a given choice, there is a default option – an option that will obtain if the chooser does nothing – then we can expect a large number of people to end up with that option, whether or not it is good for them. These behavioral tendencies toward doing nothing will be reinforced if the default option comes with some implicit or explicit suggestion that it represents the normal or even the recommended course of action". THALER, Richard; SUNSTEIN, Cass; BALZ, John. "Choice Architecture". SSRN, Cambridge, MA, 2 abr. 2010, p. 4. Disponível em: . Acesso em: 12 nov. 2015.

82 SUNSTEIN, Cass; HASTIE, Reid. **Wiser**: Getting Beyond Groupthink to Make Groups Smarter. Boston, MA: Harvard Business Review Press, 2015, pp. 50-51 ("human beings are prone to unrealistic optimism... So too, human beings are prone to overconfidence, not least when they make investment decisions... Human beings also suffer from hindsight bias, which means that when things turn out a certain way, they tend to think, I knew it all along... Finally, people fall prey to the sunk-cost fallacy, which means that they do not act rationally with respect to costs that they have already paid out"); "Do narratives cohere? In literature? In history? In law? In individual lives? Human beings think so. They like patterns, and they like to think that if they know enough, the various pieces will fit together. They might be right. But everything depends on the nature of the pieces, and what it means for them to fit. Often people think that for important works, there is some kind of designer, who figured it all out in advance, and whose essential plan is responsible for everything that follows". SUNSTEIN, Cass. "How Star Wars Illuminates Constitutional Law". **SSRN,** Cambridge, MA, 13 mai. 2015. Disponível em: <http://ssrn.com/abstract=2604998>. Acesso em: 10 out. 2015.

83 "almost any conceivable behavior is alleged to be dominated by ignorance and irrationality, vales and their frequent unexplained shifts, custom and tradition, the compliance somehow induced by social norms, or the ego and the id... Even those believing that the economic approach is applicable to all human behavior recognize that many noneconomic variables also significantly affect human behavior". BECKER, Gary. **The Economic Approach to Human Behavior.** Chicago, IL: The University of Chicago Press, 1990, p. 13.

84 Neste sentido, durante julgamento de recurso no Tribunal de Justiça do Rio de Janeiro, determinado Desembargador, após identificar que sua decisão não prevaleceria, declarou-se suspeito.

Destaque-se que heurísticas não necessariamente levam a decisões ruins. Isto é, apesar de decisões adequadamente deliberadas e menos intuitivas serem mais desejáveis e de poderem, a princípio, levar a resultados melhores, decisões baseadas na intuição e nas heurísticas (que são uma das modalidades de decisão autocentrada) podem produzir bons resultados. Inúmeras demonstrações dos possíveis acertos destas decisões intuitivas são apresentadas no livro *Blink: a decisão num piscar de olhos*, de Malcolm Gladwell[85]. Exemplificativamente, Gladwell aponta que Victor "Vic" Braden, distinto e prestigiado técnico de tênis, pôde prever nos segundos que antecederam os saques dos jogadores das partidas a que assistiu no *master deIndian Wells*de determinado ano a quase integralidade das *duplas-faltas* praticadas, muito incomuns nas partidas profissionais[86]. Braden realizava julgamentos instantâneos e relativamente inconscientes que produziam previsões muito acertadas, que poderiam ser identicamente alcançados apenas por meio de reiteradas análises avançadas dos movimentos dos jogadores.

Esse modelo de decisão, menos racionalizado ou deliberado, pode ser associado à ideia de *satissuficiência*[87], introduzida por Herbert Simon no artigo *Rational Choice and the Structure of the Environment*[88], posteriormente resgatada por Adrian Vermeule no *paper Three Strategies of Interpretation*[89]. Para Simon, os indivíduos se adaptam naturalmente, nos processos de decisão, à *satissuficiência*, ao invés de *otimizarem*, isto

---

85 GLADWELL, Malcolm. **Blink:** a decisão num piscar de olhos. Tradução de Nivaldo Montingelli Jr. Rio de Janeiro: Sextante, 2016.

86 GLADWELL, Malcolm. **Blink:** a decisão num piscar de olhos. Tradução de Nivaldo Montingelli Jr. Rio de Janeiro: Sextante, 2016, p. 47.

87 Tradução de *satisficing* sugerida por Pedro Buck. *Cf.* VERMEULE, Adrian. "Três Estratégias de Interpretação". Tradução de Pedro Buck. In: RODRIGUEZ, José Rodrigo (org.). **A Justificação do Formalismo Jurídico:** Textos em Debate. São Paulo: Saraiva, 2011. *Satisficing* pode, ainda, ser reputado sinônimo nortrumbiano de *satisfy*. *Cf.* SIMON, Herbert. "Satisficing". In EATWELL, John; MILGATE, Murray; NEWMAN, Peter (eds.).**The new Palgrave**: A dictionary of economics. New York: Palgrave, 1987, p. 244.

88 SIMON, Herbert. "Rational Choice and the Structure of the Environment". **Psychological Review**, vol. 63, 1956.

89 VERMEULE, Adrian. "Three Strategies of Interpretation". **University of Chicago Law Occasional Paper**, nº 44, 2005.

é, ao invés de buscarem a solução abstratamente ótima. Por Simon não haver, naquela oportunidade, definido precisamente *satissuficiência*, autores diversos atribuíram à nomenclatura diferentes significações *e.g.* Charles Manski afirmou que *satissuficiência* se refere à modalidade de heurística (assim definida pelo próprio Simon) que abrange *estratégias de decisão que determinado indivíduo adota quando a deliberação (leia-se maximização) é custosa*[90].

Posteriormente, porém, Simon apresentou definição relativamente mais precisa e analítica de *satissuficiência*. Disse que *na literatura da econômica e da teoria da decisão, a racionalidade é usualmente definida de modo a significar alguma forma de optimização*. Porém, *nas situações reais onde é impossível otimizar, ou onde o custo de fazer isso é grande, o decisor pode optar por uma alterativa satissuficiente, ao invés de ótima*. Dito isto, *o decisor que adotar a melhor alternativa disponível a partir de algum parâmetro é dito otimizador*; por outro lado, *aquele que opta pela alternativa que atendaou supere aqueles parâmetros, mas que não é necessariamente a única ou melhor alternativa, é dito satissuficiente*[91].

No que se refere a Braden, a opção *otimizadora* basear-se-ia na busca suplementar por informações sobre o movimento e atos dos jogadores. Todavia, a impositiva imediaticidade de julgamentos sobre a prática de *duplas-faltas* impelia a adoção de protocolos *satissuficientes*. Esse padrão de decisão pode ainda ser associado ao Processo de Decisão Reconhecida (PDR) proposto por Gary Klein[92]. Klein sugere que decisões baseadas nalguns padrões podem ser simultânea e acertadamente, intuitivas e racionais, apesar de dominadas pelas intuições. Isto situacionalmente, notadamente nas situações urgentes.

É ainda pertinente a revisitação realizada por Vermeule, orientada à análise de processos decisórios de juízes e de agências. Isto porque processos de decisões judiciais possuem particularidades que não prescindem, para sua apreensão, de adequações situacionais. Na obra

---

90 MANSKI, Charles. "Optmize, satisfice, or choose without deliberation? A simple minimax-regret assessment". **Theory Decision,** 2017.

91 SIMON, Herbert. "Satisficing". In EATWELL, John; MILGATE, Murray; NEWMAN, Peter (eds.). **The new Palgrave**: A dictionary of economics. New York: Palgrave, 1987, p. 244.

92 KLEIN, Gary. **Sources of Power: How People Make Decisions.** Cambridge, MA: MIT Press, 1999.

de Simon, identifica-se abordagem psicológico-ampliativa da ação humana, baseada na dualidade *otimização/maximização* e *satissuficiência*. Para Vermeule, diversamente, os protocolos de decisão (definidos *estratégias de interpretação*), analisados nos processos interpretativos, desdobram-se nas modalidades *maximizante*, *otimizante* e *satissuficiente*.

Em síntese, Vermeule descreve que, *sob a abordagem maximizante, o tomador de decisão escolhe a ação que produzirá as melhores consequências ao caso em tela (definindo aquilo que é "melhor" de acordo com algum valor por ele aceito)*. Diversamente, *quando os tomadores de decisão optam pela ação que é a melhor em relação a limitações, levando em consideração os custos diretos e os custos de oportunidade da tomada de decisão, temos uma abordagem otimizante*. Finalmente, *a satissuficiente possibilita qualquer decisão cujo resultado no caso em concreto seja bom o suficiente*[93]. Diz, ainda, que a abordagem satissuficiente poderá produzir *melhor alocação de tempo e esforço dentro de um grande grupo de casos, em comparação àquilo que é realizado pela abordagem maximizante* e poderá ser, para determinadas hipóteses, o melhor protocolo interpretativo[94].

---

93 VERMEULE, Adrian. "Três Estratégias de Interpretação". Tradução de Pedro Buck. In: RODRIGUEZ, José Rodrigo (org.). **A Justificação do Formalismo Jurídico:** Textos em Debate. São Paulo: Saraiva, 2011 (livro digital).

94 "Nem a abordagem otimizante nem a satissuficiente são universais ou descontextualmente melhores. A escolha entre as regras de limitação varia e deve variar conforme a variação dos elementos do arranjo interpretativo. Um enorme desafio, que não se pode enfrentar aqui, seria delinear as condições sob as quais uma regra de limitação é superior à outra. Enquanto questão preliminar, contudo, uma ideia útil seria focar o tamanho dos riscos em dada decisão. De um lado, nas decisões com riscos muito baixos, a abordagem satissuficiente parece ser a mais atraente, em relação à otimizante... Por outro lado, quando os riscos são muito altos, especialmente quando as decisões envolvem uma escolha entre valores aparentemente incomensuráveis ou planos de vida, a abordagem satissuficiente também parece útil, talvez inevitável... Muitas decisões interpretativas envolvem, muito provavelmente, riscos médios, em que todas as interpretações possíveis serão aceitáveis para o sistema jurídico, mas nenhuma apresenta uma destacada importância. Uma fração ainda maior de decisões interpretativas, contudo, são os equivalentes jurídicos da escolha de pasta de dente em uma loja, ao menos do ponto de vista do intérprete. Estes são casos importantes para as partes em questão, mas de poucas consequências extensíveis a outros casos, atores ou problemas. Tais casos provavelmente dominam o trabalho interpretativo das agências administrativas e das cortes inferiores; alguns afirmariam que não são incomuns no rol de casos da Suprema Corte. Para ir além deste mapeamento

Finalmente, Chris Guthrie, Jeffrey Rachlinski & Andrew Wistrich demonstraram a partir de análises de precedentes de Tribunais americanos que intuições podem ser muito precisas, apesar de recomendarem que, por razão alguns possíveis desacertos associados a heurísticas, processos de decisão mais deliberados *sejam usados como um mecanismo de verificação nos casos em que a intuição pode não ser confiável*[95]. Tem-se, assim, que padrões de decisão próprios das decisões autocentradas não produzirão necessariamente resultados piores. Todavia, possuem riscos relevantes que não devem ser desprezados pelos desenhos institucionais, além de infirmaram a própria premissas de que decisões autocentradas poderão ser segundo-melhores decisões. Parte desses problemas serão apresentados na próxima seção.

---

conceitual acerca das estratégias interpretativas que se oferecem aqui, necessitaríamos indagar quais estratégias interpretativas poderiam ser as melhores em diferentes níveis do sistema jurídico, quando empregadas pelos diferentes intérpretes com diferentes papéis e capacidades institucionais. Podemos descobrir, por exemplo, que a abordagem satissuficiente é melhor para os intérpretes em arranjos de baixo risco que predominam no trabalho ordinário do Direito, enquanto intérpretes que trabalham em arranjos mais relevantes poderiam se sair melhor com a abordagem otimizante. Aqui, só se indica a importância destas questões institucionais, sem oferecer respostas". VERMEULE, Adrian. "Três Estratégias de Interpretação". Tradução de Pedro Buck. In: RODRIGUEZ, José Rodrigo (org.). **A Justificação do Formalismo Jurídico:** Textos em Debate. São Paulo: Saraiva, 2011 (livro digital).

95 GUTHRIE, Chris; RACHLINSKI, Jeffrey; WISTRICH, Andrew. "Blinking on the Bench: How Judges Decide Cases". **Cornell Law Review**, vol. 93, 2007, p. 132.

DECISÕES AUTOCENTRADAS E RISCOS REVERSOS

Embora as decisões autocentradas possam ser reputadas decisões segundo-melhor e possuir benefícios, isso depende intimamente do desenho institucional. Portanto, decisões que, por razão dos limites permissivos do desenho, possam ser pautadas por interesses puramente individualistas e desprovidos de qualquer deferência pelo grupo, poderão ser profundamente ruins. É o desenho institucional, deste modo, a *pedra de toque* da proficuidade das decisões autocentradas.

Esta possibilidade de decisões autocentradas serem desastrosas podem ser ilustradas por meio da noção de *tragédia dos comuns*, descrita por Garrett Hardin no artigo homônimo.[1] No arranjo de Hardin, indivíduos buscarão sempre o maior benefício individual possível, baseados na premissa de que suas ações não impactarão o sistema. No âmbito de Tribunais, sobretudo, a individualidade de algum de seus membros pode não parecer afetar, numa primeira análise, o sistema, já que os demais juízes poderão minimizar a relevância da sua decisão. Entretanto, decisões autocentradas, ainda que possam, nalgumas hipóteses, produzir resultados melhores, afetam invariavelmente o padrão decisório do Tribunal e, por isso, o desenho institucional deve idealmente limitar seu alcance e possibilidades; isto porque, se de qualquer modo a atuação de juízes basear-se apenas na necessidade de obtenção do maior benefício ou satisfação individual possíveis – que, no âmbito judicial, se revela pelo desejo de prevalência da própria opinião ou sim-

1 HARDIN, Garrett. "The Tragedy of the Commons". **Science,** vol. 162, nº 3895, 1968. Hardin ilustra a *tragégia* por meio do exemplo da pastagem pública. Numa pastagem de uso público, presume-me que pastores manterão nele o maior rebanho possível. Esse arranjo pode se sustentar por muito anos, porque guerras e doenças podem manter a população abaixo dos limites da capacidade da pastagem. Entretanto, o aumento progressivo do rebanho provocará, invariavelmente, níveis não sustentáveis, provocando a ruína do sistema (a *tragédia*).

plesmente pelo desejo de não participar ou deliberar – o sistema pode alcançar níveis insustentáveis.

Mais particularmente, as decisões autocentradas podem submeter a riscos (i) *a segurança jurídica, a integridade histórica do Direito e a doutrina de precedentes*& (ii) *a legitimidade deliberativa e os benefícios institucionais da colegialidade*[2]. Estes são paradigmas relevantes porque Tribunais devem idealmente *inter alia* possuir adjudicação de boa qualidade e administrar precedentes[3]. Diferentes modalidades de decisão autocentrada afetam de modo diverso os referenciais apontados: *decisões adesivas,intuitivas/não reflexivas* e *insulares* afetam mais significativamente o paradigma (ii), porque simplificam ou desprezam processos deliberativos e minimizam os benefícios institucionais da pluralidade; *decisões monocráticas* afetam intercambiavelmente os paradigmas (i) e (ii), porque, além de incorrerem nestes riscos, possibilitam, por substituição à deferência histórica, decisões individuais assentadas predominantemente nas preferências pessoais do decisor. Esses paradigmas serão apresentados simplificadamente, para propósitos de axiomatização dos riscos das decisões autocentradas.

Integridade do Direito e precedentes

Na sua atuação, os juízes devem levar a sério a história e as práticas usuais do Direito[4]. Tradição, portanto, ocupa posição relevante na atividade jurídica, isto porque, reportando-se a Martin Krygier, o Direito é prática social profundamente histórico-tradicional[5]: seme-

2 Estes paradigmas não serão apresentados de modo amplo nesta obra.

3 Esta é uma percepção simplista, porém pragmática das atribuições de Tribunais.

4 CHEMERINSKY, Erwin. "History, Tradition, the Supreme Court and the First Amendment". **Hastings Law Journal,** vol. 44, 1993, p. 912.

5 "Law is a profoundly traditional social practice, and it must be. This is not merely to say that particular legal systems embody traditions, which of course no one would deny. To understand much that is most central to and characteristic of the nature and behaviour of law, the 'time-free' staples of modern jurisprudence are not enough. One needs to understand the nature and behaviour of traditions in social life. That is a large project. Here I will only discuss three elements of such an understanding. First, I suggest that traditionality is to be found in almost all legal systems, and not as a peripheral, but as a central feature of them.

lhantemente à tradição, o Direito possui substanciosa origem no passado, mas, apesar disso, apresenta autoridade no presente, e, ainda, persevera na sociedade intergeracionalmente na qualidade de prática ou hábito social[6]. Para Jerzy Szacki, referenciado por Krygier, a tradição oferece 3 (três) diferentes modelos de ligação de passado e presente: o primeiro privilegia os processos intergeracionais de interação e difusão de práticas habituais; o segundo, a noção objetiva, privilegia a natureza de repositório de informações da tradição; o último, a noção subjetiva[7], privilegia a deferência ou respeito de determinada geração pelo passado. Krygier afirma ainda que o Direito é, pelo menos nas duas primeiras acepções, altamente tradicional. Isto é, *o Direito repousa sobre montanhas de tradições herdadas, preservadas, referidas e diferidas por instituições e práticas altamente desenvolvidas de manutenção de tradição*[8].

Second, I question the pervasive post-Enlightenment antinomy between tradition and change: whatever else is responsible for change in law, law's traditionality makes it inevitable. Third, I argue that in at least two important senses of 'tradition', and for at least two reasons, tradition is inescapable in law, whether or not that is a good thing. Frequently, however, it is a good thing". KRYGIER, Martin. "Law as Tradition". **Law and Philosophy**, vol. 5, nº 2, 1986, pp. 239-240.

6 "I have argued elsewhere, and only have room to assert here, that every tradition has three characteristics or elements. First is pastness: the contents of every tradition have or are believed by its participants to have, originated some considerable time in the past. Second is authoritative presence: though derived from a real or believed-to-be real past, a traditional practice, doctrine or belief has not, as it were, stayed there. Its traditionality consists in its present authority and significance for the lives, thoughts or activities of participants in the tradition. Third, a tradition is not merely the past made present. It must have been, or be thought to have been, passed down over intervening generations, deliberately or otherwise; not merely unearthed from a past discontinuous with the present. A necessary consequence of this third element is that traditions are social. Habits, even customs, can be born, live and die solely in the behaviour of one individual. Traditions, as a simple matter of definition, cannot. Like every tradition, law shares these elements. More than many traditions, law is organized to preserve, maintain and draw systematically and constantly upon them." KRYGIER, Martin. "Law as Tradition". **Law and Philosophy**, vol. 5, nº 2, 1986, p. 240.

7 Esta noção é associada à ideia weberiana de *autoridade tradicional*. *Cf.* WEBER, Max. **Economia e Sociedade.** Brasília: UNB, 2012.

8 KRYGIER, Martin. "Law as Tradition". **Law and Philosophy**, vol. 5, nº 2, 1986, p. 256.

Em uma análise simplista, isso é relevante porque as tradições oferecem uma miríade de possíveis analogias e soluções relevantes para problemas presentes. No que se refere aos processos de adjudicação, que integram as discussões nucleares desta obra, a história se manifesta, mais peremptoriamente, nos precedentes[9]. Há diversas percepções sobre precedentes no Direito, mas, para qualquer delas, o histórico de decisões dos Tribunais possui relevância e realmente importa.

Esta relevância pode ser justificada por diferentes argumentos, orientados por diversas premissas axiológicas, assim mapeados por Frederick Schauer[10]: (i) argumento da *equidade* –o primeiro argumento, que pode ser associado às próprias ideias de justiça e moralidade, ampara-se na necessidade de atribuir soluções idênticas às hipóteses indistintas; (ii) argumento da *previsibilidade* – a habilidade de prever o que juízes decidirão permite que planejemos melhor nossas ações e impedeque sejamos paralisados pela indefinição do desconhecido; (iii) argumento de *reforço do processo de decisão*–os precedentes podem reduzir os *esforços da decisão* e, por isso,podem aumentar a *eficiência* do decisor, isto porque o regime de precedentes autoriza menos revisões de questões já analisadas nas decisões anteriores; além disso, o sistema de precedentes reduz a dessimiliaridade decisória, robustecendo a própria instituição. Estas justificativas poderiam, de maneira ampla, ser aglutinadas no argumento de *estabilidade*.

Estes argumentos podem ser problematizados e acrescidos de inúmeras outras justificativas, no que se refere às relevâncias hierárquia e horizontal dos precedentes[11]. Todavia, além de o raciocínio por prece-

---

9 No artigo "Jogando com os precedentes: regras, analogias, princípios", Antonio Maues apresenta 3 (três) relevantes noções sobre precedentes: (i) a ideia de precedentes como regras, desenvolvidas por Frederick Schauer; (ii) a ideia de precedentes como analogias, desenvolvida por Cass Sunstein; e (iii) a ideia de precedentes como princípios, desenvolvida por Ronald Dworkin. *Cf.* MAUÉS, Antonio. "Jogando com os precedentes: regras, analogias, princípios". **Direito GV**, vol, 8, nº 2, 2012.

10 SCHAUER, Frederick. "Precedent". **Stanford Law** Review, vol. 39, nº 3, 1987, 595-602.

11 *Cf.* CAMINKER, Evan. "Why must inferior Courts obey Superior Court precedents?". **Stanford Law Review**, vol. 46, 1993; SWIFT, Jonathan; TRAVELS, Gulliver. "The power that shall be vested in a precedent:stare decisis, the constitution and the supreme court". **Boston University Law Review,** vol. 66, 1986.

dentes ser parecido para quaisquer sistemas jurídicos[12], há relativo acordo quanto à premissade que *uma teoria destinada a fornecer um conjunto de regras e procedimentos argumentativos para garantir a correção do raciocínio por precedentes é uma exigência central dos Estados Constitucionais contemporâneos*[13], isto porque *as decisões jurídicas estão dotadas de uma pretensão de correção e racionalidade*[14] e *essa conexão entre Direito e Racionalidade manifesta-se com especial força no campo dos precedentes judiciais*[15], que ocupam, por isso, posição de relevo no Direito[16]. Isto é, *a observância dos precedentes liga-se a*

---

12 "Uma comparação entre o Direito francês e o Direito inglês – e, mais genericamente, entre o *common law* e o *civil law* – permitiu-se sustentar que o poder normativo do Judiciário é semelhante a qualquer sistema jurídico da atualidade, bem como que as diferenças entre o *common law* e o Direito codificado implicam apenas distintos graus de discricionariedade do Poder Judiciário, já que o processo hermenêutico de raciocínio por precedentes é idêntico em todo lugar onde ele é encontrado". BUSTAMANTE, Thomas da Rosa. **Teoria do precedente judicial:** a justificação e a aplicação de regras jurisprudenciais. São Paulo: Noeses, 2012, p. 542.

13 BUSTAMANTE, Thomas da Rosa. **Teoria do precedente judicial:** a justificação e a aplicação de regras jurisprudenciais. São Paulo: Noeses, 2012, p. XXIII.

14 "as decisões jurídicas estão dotadas de uma pretensão de correção e racionalidade que torna obrigatório que os juízes se esforcem para justificar suas decisões não apenas na sua própria autoridade, mas na racionalidade e no potencial de legitimação que os argumentos possuem para as decisões práticas de modo geral". BUSTAMANTE, Thomas da Rosa. **Teoria do precedente judicial:** a justificação e a aplicação de regras jurisprudenciais. São Paulo: Noeses, 2012, p. XXI.

15 BUSTAMANTE, Thomas da Rosa. **Teoria do precedente judicial:** a justificação e a aplicação de regras jurisprudenciais. São Paulo: Noeses, 2012, p. XXII.

16 "Most judges and scholars would suggest that the law develops while clinging to history (see, e.g., Holmes [1881] 1991). History, in this context, is precedent – the decisions made by earlier courts in similar cases. Precedent plays a central role in the judiciary by providing information to judges and other decision makers about the relevance or weight of particular facts for a legal issue and by defining legal consequences or tests that pertain to those facts (Aldisert1990, 606; Richards and Kritzer 2002; Schauer 1987). Not all court opinions are equally positioned to serve as a precedent for a given dispute, and the norm of respecting *stare decisis* instructs judges to rely on the most legally relevant and authoritative cases applicable to a givenlegal question (see Powell 1990; Schauer 1987; Wald 1995). In this sense, the legal relevance of a case (to which we refer

valores essenciais em um Estado de direito democrático, como a racionalidade e a legitimidade das decisões judiciais, a segurança jurídica[17]

---

synonymously as case importance or case centrality) – the degree to which the information in a given case remains germane for deciding contemporary legal disputes– lies at the heart of law and legal development". FOWLER, James; JOHSON, Timothy; SPRIGGS, James; JEON, Sangick; WAHLBECK, Paul. "Measuring the Legal Importance of Precedents at the U.S. Supreme Court". **Political Analysis**, vol. 15, nº 3, 2007, p. 2.

17 Neste sentido, a propósito, já se manifestou o Ministro Ayres Britto no CC 7204, ao afirmar que "O Supremo Tribunal Federal, guardião-mor da Constituição Republicana, pode e deve, em prol da segurança jurídica, atribuir eficácia prospectiva às suas decisões, com a delimitação precisa dos respectivos efeitos, toda vez que proceder a revisões de jurisprudência definidora de competência *ex ratione materiae*. O escopo é preservar os jurisdicionados de alterações jurisprudenciais que ocorram sem mudança formal do Magno Texto".
BRASIL. Supremo Tribunal Federal. CONSTITUCIONAL. COMPETÊNCIA JUDICANTE EM RAZÃO DA MATÉRIA. AÇÃO DE INDENIZAÇÃO POR DANOS MORAIS E PATRIMONIAIS DECORRENTES DE ACIDENTE DO TRABALHO, PROPOSTA PELO EMPREGADO EM FACE DE SEU (EX-)EMPREGADOR. COMPETÊNCIA DA JUSTIÇA DO TRABALHO. ART. 114 DA MAGNA CARTA. REDAÇÃO ANTERIOR E POSTERIOR À EMENDA CONSTITUCIONAL Nº 45/04. EVOLUÇÃO DA JURISPRUDÊNCIA DO SUPREMO TRIBUNAL FEDERAL. PROCESSOS EM CURSO NA JUSTIÇA COMUM DOS ESTADOS. IMPERATIVO DE POLÍTICA JUDICIÁRIA. Conflito de competência nº 7204/MG. Requerente: Tribunal Superior do Trabalho. Requerido: Tribunal de Alçada do Estado de Minas Gerais. Relator: Ministro CARLOS BRITTO. Brasília, 29 de jun. de 2005. **DJE,** Brasília, 9 de dezembro de 2005, nº 2217, p. 303.
Não é diferente nos Estados Unidos. No precedente *Planned Parenthood v. Casey* a Suprema Corte afirmou que "when this Court reexamines a prior holding, its judgment is customarily informed by a series of prudential and pragmatic considerations designed to test the consistency of overruling a prior decision with the ideal of the rule of law, and to gauge the respective costs of reaffirming and overruling a prior case. Thus, for example, we may ask whether the rule has proven to be intolerable simply in defying practical workability, *Swift & Co. v. Wickham*, 382 U. S. 111, 116 (1965); whether the rule is subject to a kind of reliance that would lend a special hardship to the consequences of overruling and add inequity to the cost of repudiation, *e. g.*, *United States v. Title Ins. & Trust Co.*, 265 U. S. 472, 486 (1924); whether related principles of law have so far developed as to have left the old rule no more than a remnant of abandoned doctrine, see *Patterson v. McLean Credit Union*, 491 U. S. 164, 173-174 (1989); or whether facts have so changed, or come to be seen so differently, as to have

e a isonomia[18].

Este progressivo reconhecimento da relevância dos precedentes, particularmente no Direito brasileiro, pode ser ilustrado a partir de alguns marcos, indicados pelo Ministro Luis Roberto Barroso: (i) a divergência jurisprudencial, no regime atual, justifica a interposição de Recurso Extraordinário e de Recurso Especial; (ii) a CF atribui *efeitos vinculantes* às decisões do STF proferidas nas ADIs e nas ADCs; (iii) as decisões proferidas pelo STF na ADPF possuirão, por determinação legal, *efeitos vinculantes*; (iv) a EC nº 45/04 introduziu a *súmula vinculante* no ordenamento jurídico; (v) o relator poderá, monocraticamente, negar seguimento ou dar provimento a recursos quando a decisão recorrida apresentar desconformidade a súmula ou à jurisprudência dominante do Tribunal de origem, do STF ou de Tribunal Superior; (vi) a sentença proferida desfavoravelmente à Fazenda Pública produzirá *efeitos imediatos* independentemente de reexame necessário quando se amparar na jurisprudência do plenário ou súmula do STF ou do próprio Tribunal de origem.[19]

Essa *ascesão doutrinária e normativa do precedente*, para o Ministro Roberto Barroso, *não o torna imutável*, mas *impõe maior deferência e cau-*

---

robbed the old rule of significant application or justification, e. g., *Burnet*, supra, at 412 (Brandeis, J., dissenting)... To overrule prior law for no other reason than that would run counter to the view repeated in our cases, that a decision to overrule should rest on some special reason over and above the belief that a prior case was wrongly decided. See, e. g., *Mitchell v. W T. Grant Co.*, 416 U. S. 600, 636 (1974) (Stewart, J., dissenting).
ESTADOS UNIDOS. United States Supreme Court. Requerente: Planned Parenthood of Southeastern Pennsylvania et al. Requerido: Casey, Governador do Estado da Pennsylvania et al. Julgado nº 91-744. Washington DC, 29 de junho de 1992.

18 BARROSO, Luís Roberto. "Mudança na jurisprudência do Supremo Tribunal Federal em matéria tributária: segurança jurídica e modulação dos efeitos temporais das decisões judiciais". Disponível em: <http://www.luisrobertobarroso.com.br/wp-content/themes/LRB/pdf/parecer_mudanca_da_jurisprudencia_do_stf.pdf>. Acesso em 16 mai. 2017, p. 12.

19 BARROSO, Luís Roberto. "Mudança na jurisprudência do Supremo Tribunal Federal em matéria tributária: segurança jurídica e modulação dos efeitos temporais das decisões judiciais". Disponível em: <http://www.luisrobertobarroso.com.br/wp-content/themes/LRB/pdf/parecer_mudanca_da_jurisprudencia_do_stf.pdf>. Acesso em 16 mai. 2017, pp. 14-15.

tela na sua superação, isto porque, *quando uma corte de justiça... toma a decisão grave de reverter uma jurisprudência consolidada, não pode nem deve fazê-lo com indiferença*, já que *em situações como está, é a própria credibilidade da mais alta corte que estão em questão*[20]. Por isso, inclusive, o STF já afirmou que a *superação de jurisprudência consolidada* poderá ser legitimada apenas nas hipóteses de *a) mudança na percepção do direito; b) modificações na realidade fática; e c) consequência prática negativa de determinada linha de entendimento.*[21]

---

20 BARROSO, Luís Roberto. "Mudança na jurisprudência do Supremo Tribunal Federal em matéria tributária: segurança jurídica e modulação dos efeitos temporais das decisões judiciais". Disponível em: <http://www.luisrobertobarroso.com.br/wp-content/themes/LRB/pdf/parecer_mudanca_da_jurisprudencia_do_stf.pdf>. Acesso em 16 mai. 2017, p. 15.

21 BRASIL. Supremo Tribunal Federal. [ACÓRDÃO PENDENTE DE PUBLICAÇÃO]. Ação Direta de Inconstitucionalidade nº 4764/AC. Requerente: Conselho Federal da Ordem dos Advogados do Brasil – CFOAB. Requerido: Assembléia Legislativa do Estado do Acre. Relator: Ministro CELSO DE MELLO. Brasília, 4 de maio de 2017. **DJE,** Brasília, 12 de maio de 2017, nº 99. Isto é bem assentado, ainda, na decisão do Ministro Celso de Mello no HC 93033:
"Registro, preliminarmente, por necessário, que o Supremo Tribunal Federal, mediante edição da Emenda Regimental nº 30, de 29 de maio de 2009, delegou expressa competência ao Relator da causa, para, em sede de julgamento monocrático, denegar ou conceder a ordem de "habeas corpus", "ainda que de ofício", desde que a matéria versada no "writ" em questão constitua "objeto de jurisprudência consolidada do Tribunal" (RISTF, art. 192, "caput", na redação dada pela ER nº 30/2009). Ao assim proceder, fazendo-o mediante interna delegação de atribuições jurisdicionais, esta Suprema Corte, atenta às exigências de celeridade e de racionalização do processo decisório, limitou-se a reafirmar princípio consagrado em nosso ordenamento positivo (RISTF, art. 21, § 1º; Lei nº 8.038/90, art. 38; CPC, art. 557) que autoriza o Relator da causa a decidir, monocraticamente, o litígio, sempre que este referir-se a tema já definido em "jurisprudência dominante" no Supremo Tribunal Federal. Nem se alegue que essa orientação implicaria transgressão ao princípio da colegialidade, eis que o postulado em questão sempre restará preservado ante a possibilidade de submissão da decisão singular ao controle recursal dos órgãos colegiados no âmbito do Supremo Tribunal Federal, consoante esta Corte tem reiteradamente proclamado (RTJ 181/1133-1134, Rel. Min. CARLOS VELLOSO – AI 159.892-AgR/SP, Rel. Min. CELSO DE MELLO, v.g.). A legitimidade jurídica desse entendimento decorre da circunstância de o Relator da causa, no desempenho de seus poderes processuais, dispor de plena competência para exercer, monocraticamente, o controle das ações, pedidos ou recursos dirigidos ao Supremo

Desta premissa infere-se *ipso facto* que decisões autocentradas podem significar relevante risco reverso. Isto porque decisões amparadas inteiramente nas preferências individuais de juízes podem afetar a racionalidade do sistema de precedentes, notadamente nas decisões monocráticas. Nestas decisões, juízes podem desviar-se dos precedentes mais descomplicadamente, já que a ausência de pares reduz *incentivos* à adesão a algum protocolo de decisão que reverencie precedentes. Reitere-se que, no direito brasileiro, de regra, decisões monocráticas no âmbito de Tribunais são admitidas apenas para negar seguimento a recursos e para reafirmar precedentes[22]. Entretanto, não são um oxí-

---

Tribunal Federal, justificando-se, em conseqüência, os atos decisórios que, nessa condição, venha a praticar (RTJ 139/53 – RTJ 168/174-175 – RTJ 173/948), valendo assinalar, quanto ao aspecto ora ressaltado, que este Tribunal, em recentes decisões colegiadas (HC 96.821/SP, Rel. Min. RICARDO LEWANDOWSKI – HC 104.241-AgR/SP, Rel. Min. CELSO DE MELLO), reafirmou a possibilidade processual do julgamento monocrático do próprio mérito da ação de "habeas corpus", desde que observados os requisitos estabelecidos no art. 192 do RISTF, na redação dada pela Emenda Regimental nº 30/2009. Tendo em vista essa delegação regimental de competência ao Relator da causa, impõe-se reconhecer que a controvérsia ora em exame ajusta-se à jurisprudência que o Supremo Tribunal Federal firmou na matéria em análise, o que possibilita seja proferida decisão monocrática sobre o litígio em questão".

BRASIL. Supremo Tribunal Federal. [MONOCRÁTICA]. Habeas Corpus nº 93033/RJ. Requerente: Constant Rochat. Requerido: Superior Tribunal de Justiça. Relator: Ministro CELSO DE MELLO. Brasília, 1 de ago. de 2011. **DJE**, Brasília, 5 de agosto de 2017, nº 151.

22 Neste sentido dispõe o NCPC:
Art. 932. Incumbe ao relator:
IV – negar provimento a recurso que for contrário a:
a) súmula do Supremo Tribunal Federal, do Superior Tribunal de Justiça ou do próprio tribunal;
b) acórdão proferido pelo Supremo Tribunal Federal ou pelo Superior Tribunal de Justiça em julgamento de recursos repetitivos;
c) entendimento firmado em incidente de resolução de demandas repetitivas ou de assunção de competência;
V – depois de facultada a apresentação de contrarrazões, dar provimento ao recurso se a decisão recorrida for contrária a:
a) súmula do Supremo Tribunal Federal, do Superior Tribunal de Justiça ou do próprio tribunal;
b) acórdão proferido pelo Supremo Tribunal Federal ou pelo Superior Tribunal de Justiça em julgamento de recursos repetitivos;

moro, na jurisprudência,decisões monocráticas de relatores que, desunindo-se das hipóteses admitidas na legislação processual, divirgem de orientação dominante dos Tribunais.

Exemplo recente e paradigmático pode ilustrar o risco. Em 2016, o STF decidiu o HC 126292[23]. Nele, numa decisão majoritária (derrotados os Ministros Ministros Rosa Weber, Marco Aurélio, Celso de Mello e Ricardo Lewandowski), assentou que *a execução provisória de acórdão penal condenatório proferido em grau de apelação, ainda que sujeito a recurso especial ou extraordinário, não compromete o princípio constitucional da presunção de inocência afirmado pelo artigo 5º, inciso LVII da Constituição Federal.* Esta decisão inaugurou novo paradigma no âmbito do STF, mas provocou alargada repercussão negativa[24].

---

c) entendimento firmado em incidente de resolução de demandas repetitivas ou de assunção de competência;

Art. 1.011. Recebido o recurso de apelação no tribunal e distribuído imediatamente, o relator:

I – decidi-lo-á monocraticamente apenas nas hipóteses do art. 932, incisos III a V;

II – se não for o caso de decisão monocrática, elaborará seu voto para julgamento do recurso pelo órgão colegiado.

Art. 1.019. Recebido o agravo de instrumento no tribunal e distribuído imediatamente, se não for o caso de aplicação do art. 932, incisos III e IV, o relator, no prazo de 5 (cinco) dias:

23 BRASIL. Supremo Tribunal Federal. CONSTITUCIONAL. HABEAS CORPUS. PRINCÍPIO CONSTITUCIONAL DA PRESUNÇÃO DE INOCÊNCIA (CF, ART. 5º, LVII). SENTENÇA PENAL CONDENATÓRIA CONFIRMADA POR TRIBUNAL DE SEGUNDO GRAU DE JURISDIÇÃO. EXECUÇÃO PROVISÓRIA. POSSIBILIDADE. Habeas Corpus nº 126292/SP. Requerente: Marcio Rodrigues Dantas. Requerido: Relator do HC nº 313.021 do Superior Tribunal de Justiça. Relator: Ministro TEORI ZAVASCKI. Brasília, 17 de fev. de 2016. **DJE,** Brasília, 16 de maio de 2016, nº 100.

24 *Cf.* DE LAZARI, Igor; SEPULVEDA, Antonio; RANGEL, Henrique. "Deciding Strategically: Lessons From a Brazilian Supreme Court Decision", **Justia Verdict**, Mountain View, mar. 2016.Disponível em: < https://verdict.justia.com/2016/03/08/deciding-strategically-lessons-from-a-brazilian-supreme-court-decision>. Acesso em: 16jun. 2017.

Nas decisões que se seguiram à nova orientação adotada pelo STF, os Ministros Ricardo Lewandwski[25] e Rosa Weber[26] adequaram decisões pessoais (apesar de nelas ressalvaram sua própria opinião), para propósitos de reafirmação daquele precedente. Entretanto, os Ministros Celso de Mello e Marco Aurelio, monocraticamente, refutaram declaradamente o precedente amparados na mera divergência subjetiva, imediamente após o julgamento plenário. Em passagens da decisão[27], o Ministério Marco Aurelio afirmou que *não se pode poten-*

---

25 "Sobre o disposto no art. 283 do CPP, faço a mesma ressalva da Ministra Maria Thereza de Assis Moura, em situação análoga: "o art. 283 do Código de Processo Penal, ao condicionar a prisão à sentença definitiva, sem dúvida, é corolário do art. 5º, LVII, da Constituição Federal, que determina que ninguém será considerado culpado antes do trânsito em julgado. Contudo, o Supremo Tribunal Federal firmou entendimento no sentido de que não viola a garantia constitucional a prisão determinada após esgotadas as instâncias ordinárias. Ressalva do entendimento da Relatora quanto ao mérito da questão".
BRASIL. Supremo Tribunal Federal. [MONOCRÁTICA]. Habeas Corpus nº 143668/RS. Requerente: Tiago Fao Hartmann. Requerido: Relator do ARESP Nº 1.016.184 do Superior Tribunal de Justiça. Relator: Ministro RICARDO LEWANDOWSKI. Brasília, 25 de mai. de 2017. **DJE,** Brasília, 29 de maio de 2017, nº 112.

26 "A jurisprudência hoje prevalecente neste Supremo Tribunal Federal no sentido de que a execução provisória de acórdão penal condenatório proferido em julgamento de apelação, ainda que sujeito a recurso especial ou extraordinário, não compromete o princípio constitucional da presunção de inocência afirmado pelo artigo 5º, inciso LVII, da Constituição Federal (HC 126.292/SP, Rel. Min. Teori Zavascki, Plenário, DJe 17.5.2016). O princípio da colegialidade levou-me à observância dessa orientação, ressalvada minha compreensão pessoal a respeito, vencida que fiquei na oportunidade".
BRASIL. Supremo Tribunal Federal. [MONOCRÁTICA]. Habeas Corpus nº 144549/MG. Requerente: Carlos Alberto Figueiredo Miranda. Requerido: Relator do HC nº 394.552 do Superior Tribunal de Justiça. Relator: Ministra ROSA WEBER. Brasília, 9 de jun. de 2017. **DJE,** Brasília, 14 de junho de 2017, nº 126.

27 "Não se pode potencializar o decidido pelo Pleno no habeas corpus nº 126.292, por maioria, em 17 de fevereiro de 2016. Precipitar a execução da pena importa antecipação de culpa, por serem indissociáveis. Conforme dispõe o inciso LVII do artigo 5º da Constituição Federal, "ninguém será considerado culpado até o trânsito em julgado de sentença penal condenatória", ou seja, a culpa surge após alcançada a preclusão maior. Descabe inverter a ordem natural do processo-crime – apurar-se para, selada a culpa, prender-se, em verdadeira execução da reprimenda. O Pleno, ao apreciar a referida impetração, não pôs em xeque

*cializar o decidido pelo Pleno no habeas corpus nº 126.292, por maioria, em 17 de fevereiro de 2016;*e que *ao tomar posse [no STF], há 26 anos, jur[ou] cumprir a Constituição Federal, observar as leis do País, e não a [se] curvar a pronunciamento que, diga-se, não tem efeito vinculante.* Terminantemente, afirmou que a segurança jurídica *pressupõe a supre-*

---

a constitucionalidade nem colocou peias à norma contida na cabeça do artigo 283 do Código de Processo Penal, segundo a qual "ninguém poderá ser preso senão em flagrante delito ou por ordem escrita e fundamentada da autoridade judiciária competente, em decorrência de sentença condenatória transitada em julgado ou, no curso da investigação ou do processo, em virtude de prisão temporária ou prisão preventiva" [...] O fato de o Tribunal, no denominado Plenário Virtual, atropelando os processos objetivos acima referidos, sem declarar, porque não podia fazê-lo em tal campo, a inconstitucionalidade do artigo 283 do mencionado diploma legal, e, com isso, confirmando que os tempos são estranhos, haver, em agravo que não chegou a ser provido pelo Relator, ministro Teori Zavascki – agravo em recurso extraordinário nº 964.246, formalizado, por sinal, pelo paciente do habeas corpus nº 126.292 –, a um só tempo, reconhecido a repercussão geral e "confirmado a jurisprudência", assentada em processo único – no citado habeas corpus –, não é obstáculo ao acesso ao Judiciário para afastar lesão a direito, revelado, no caso, em outra cláusula pétrea – segundo a qual "ninguém será considerado culpado até o trânsito em julgado de sentença penal condenatória" – incisos XXXV e LVII do artigo 5º da Lei Fundamental. Ao tomar posse neste Tribunal, há 26 anos, jurei cumprir a Constituição Federal, observar as leis do País, e não a me curvar a pronunciamento que, diga-se, não tem efeito vinculante. De qualquer forma, está-se no Supremo, última trincheira da Cidadania, se é que continua sendo. O julgamento virtual, a discrepar do que ocorre em Colegiado, no verdadeiro Plenário, o foi por seis votos a quatro, e o seria, presumo, por seis votos a cinco, houvesse votado a ministra Rosa Weber, fato a revelar encontrar-se o Tribunal dividido. A minoria reafirmou a óptica anterior – eu próprio e os ministros Celso de Mello, Ricardo Lewandowski e Dias Toffoli. Tempos estranhos os vivenciados nesta sofrida República! Que cada qual faça a sua parte, com desassombro, com pureza d'alma, segundo ciência e consciência possuídas, presente a busca da segurança jurídica. Esta pressupõe a supremacia não de maioria eventual – segundo a composição do Tribunal –, mas da Constituição Federal, que a todos, indistintamente, submete, inclusive o Supremo, seu guarda maior. Em época de crise, impõe-se observar princípios, impõe-se a resistência democrática, a resistência republicana. 3. Defiro a liminar pleiteada para suspender a execução provisória do título condenatório. BRASIL. Supremo Tribunal Federal. [MONOCRÁTICA]. Habeas Corpus nº 138337-MC/SP. Requerente: Rosangela Gomes da Silva. Requerido: Relator do HC nº 375.435do Superior Tribunal de Justiça. Relator: Ministra MARCO AURELIO. Brasília, 16 de nov. de 2016. **DJE,** Brasília, 21 de novembro de 2016, nº 246.

macia não de maioria eventual – segundo a composição do Tribunal –, mas da Constituição Federal, que a todos, indistintamente, submete, inclusive o Supremo, seu guarda maior.

Identicamente, o Ministro Celso de Mello, na sua decisão[28], afirmou não se admitir invocar o precedente do HC 1266292, *pois tal decisão, é necessário enfatizar, pelo fato de haver sido proferida em processo de perfil eminentemente subjetivo, não se reveste de eficácia vinculante*, de modo que, *que aquele aresto, embora respeitabilíssimo, não se impõe à compulsória observância dos juízes e Tribunais em geral*[29]. Posteriormente, no julgamento do mérito do processo, o Ministro reconsiderou a decisão liminar, mas apenas por razão da superveniência dos julgamentos das

---

28 "Qualquer que seja o fundamento jurídico invocado (de caráter legal ou de índole constitucional), que nenhuma execução de condenação criminal em nosso País, mesmo se se tratar de simples pena de multa, pode ser implementada sem a existência do indispensável título judicial definitivo, resultante, como sabemos, do necessário trânsito em julgado da sentença penal condenatória. Nem se invoque, finalmente, o julgamento plenário do HC 126.292/SP – em que se entendeu possível, contra o meu voto e os de outros 03 (três) eminentes Juízes deste E. Tribunal, "a execução provisória de acórdão penal condenatório proferido em grau de apelação, ainda que sujeito a recurso especial ou extraordinário" –, pois tal decisão, é necessário enfatizar, pelo fato de haver sido proferida em processo de perfil eminentemente subjetivo, não se reveste de eficácia vinculante, considerado o que prescrevem o art. 102, § 2º, e o art. 103-A, "caput", da Constituição da República, a significar, portanto, que aquele aresto, embora respeitabilíssimo, não se impõe à compulsória observância dos juízes e Tribunais em geral. Sendo assim, e tendo presentes as razões expostas, defiro o pedido de medida liminar, para, até final julgamento desta ação de "habeas corpus", suspender, cautelarmente, a execução do mandado de prisão expedido"
BRASIL. Supremo Tribunal Federal. [MONOCRÁTICA]. Habeas Corpus nº 135100-MC/DF. Requerente: Leonardo Coutinho Rodrigues Cipriano. Requerido: Superior Tribunal de Justiça. Relator: Ministro CELSO DE MELLO. Brasília, 1 de jul. de 2016. **DJE,** Brasília, 1 de agosto de 2016, nº 140.

29 Despeito disso, "se o colegiado decidiu de uma forma, não parece salutar para a busca da previsibilidade de decisões judiciais e da estabilidade das relações jurídicas que um único ministro o contrariasse. A deferência às decisões colegiadas deveria ser uma prática que conduziria a uma uniformidade do entendimento sobre o problema". VIEIRA, Oscar Vilhena; DIAS, Roberto. "Decisão de Celso de Mello mostra imprevisibilidade do STF". **Folha de São Paulo**, São Paulo, jul. 2016.Disponível em: < http://www1.folha.uol.com.br/poder/2016/07/1789247-decisao-de-celso-de-mello-mostra-imprevisibilidade-do-stf.shtml>. Acesso em: 19 jun. 2017.

ADC 43-MC/DF&ADC 44-MC/DF[30]. Não deixou, porém, de ressaltar a própria opinião sobre a matéria e de afirmar que a *posição que prevaleceu naqueles julgamentos reflete preocupante inflexão hermenêutica, de índole regressista, em torno do pensamento jurisprudencial desta Suprema Corte*[31].

Independentemente das razões apontadas pelos Ministros, inegável que preteriram orientação do Plenário do STF, privilegiando subjetivismos. Embora o STF possua dominante orientação no sentido de que *o reconhecimento [da] competência monocrática deferida ao Relator da causa não transgride o postulado da colegialidade, pois sempre caberá, para os órgãos colegiados do Supremo Tribunal Federal (Plenário e Turmas), recurso contra as decisões singulares que venham a ser proferidas por seus Juízes*[32], a replicação de decisões monocráticas nos Tribunais

---

30 Nestas ações o Partido Ecológico Nacional (PEN) e o Conselho Federal da OAB pretendem o reconhecimento da legitimidade da nova redação do art. 283 do CPP ("ninguém poderá ser preso senão em flagrante delito ou por ordem escrita e fundamentada da autoridade judiciária competente, em decorrência de sentença condenatória transitada em julgado ou, no curso da investigação ou do processo, em virtude de prisão temporária ou prisão preventiva"), para propósitos, materialmente, de reversão da decisão do STF no HC 126292. Novamente, o STF, por maioria, indeferiu medida cautelar e conferiu interpretação conforme à Constituição ao art. 283 do Código de Processo Penal (CPP) para permitir a execução provisória da pena após a decisão condenatória de segundo grau e antes do trânsito em julgado. No julgamento, reiterou que que a execução provisória de acórdão penal condenatório proferido em grau de apelação, ainda que sujeito a recurso especial ou extraordinário, não compromete o princípio constitucional da presunção de inocência afirmado pelo art. 5º, LVII, da Constituição Federal (CF). BRASIL. Supremo Tribunal Federal. [ACÓRDÃO PENDENTE DE PUBLICAÇÃO]. Medida Cautelar nas Ações Declaratórias de Constitucionalidade nº 43 & 44/DF. Requerentes: Partido Ecológico Nacional (PEN); Conselho Federal da Ordem dos Advogados do Brasil. Requerido: Presidente da República. Relator: Ministro MARCO AURELIO. Relator para acórdão: Ministro EDSON FACHIN. Brasília, 5 de out. de 2016. **DJE,** Brasília, 7 de outubro de 2016, nº 216.

31 BRASIL. Supremo Tribunal Federal. [MONOCRÁTICA]. Habeas Corpus nº 135100/DF. Requerente: Leonardo Coutinho Rodrigues Cipriano. Requerido: Superior Tribunal de Justiça. Relator: Ministro CELSO DE MELLO. Brasília, 5 de jun. de 2017. **DJE,** Brasília, 9 de junho de 2017, nº 121.

32 BRASIL. Supremo Tribunal Federal. MANDADO DE SEGURANÇA – IMPETRAÇÃO CONTRA ATO DE CONTEÚDO JURISDICIONAL EMANADO DO SUPREMO TRIBUNAL FEDERAL – INADMISSIBILIDADE – POSSIBILIDADE DE O RELATOR DA CAUSA, NO SUPREMO TRIBUNAL FEDE-

brasileiros, sobretudo nos Tribunais superiores, dá azo a perfis de decisão assemelhados àqueles relatados acima. Estes índices podem ser identificados nas ilustrações abaixo:

RAL, DELA NÃO CONHECER MEDIANTE DECISÃO MONOCRÁTICA – LEGITIMIDADE CONSTITUCIONAL DESSE PODER PROCESSUAL DO RELATOR – INEXISTÊNCIA DE OFENSA AO POSTULADO DA COLEGIALIDADE – RECURSO DE AGRAVO IMPROVIDO. DESCABIMENTO DE MANDADO DE SEGURANÇA CONTRA ATO JURISDICIONAL EMANADO DO SUPREMO TRIBUNAL FEDERAL. Agravo Regimental no Mandado de Segurança 28097/DF. Requerente: Carlos André Studart Pereira. Requerido: Presidente do Supremo Tribunal Federal. Relator: Ministro CELSO DE MELLO. Brasília, 11 de mai. de 2011. **DJE,** Brasília, 1 de julho de 2011, nº 125. Há, porém, decisão da 2ª Turma do STF que afirmou que "ofende o princípio da colegialidade a decisão monocrática do relator que enfrenta diretamente o mérito do habeas corpus, sem submetê-lo à apreciação do órgão competente". BRASIL. Supremo Tribunal Federal. PROCESSUAL PENAL. HABEAS CORPUS. JULGAMENTO MONOCRÁTICO. OFENSA AO PRINCÍPIO DA COLEGIALIDADE. Habeas Corpus nº 114176/SP. Requerente: Wynand Johannes Harmse. Requerido: Relator do HC nº 175.538 do Superior Tribunal de Justiça. Relator: Ministro TEORI ZAVASCKI. Brasília, 19 de mar. de 2013. **DJE,** Brasília, 15 de abril de 2013.

Ilustração 12: Número de decisões colegiadas e monocráticas do STF por ano[33]

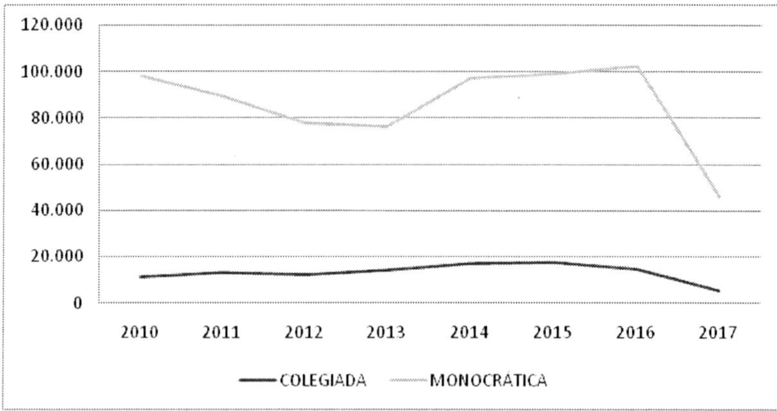

Fonte: Elaborada pelo a autor a partir de dados disponibilizados pelo STF

Ilustração 13: Número de decisões colegiadas e monocráticas do STJ por ano

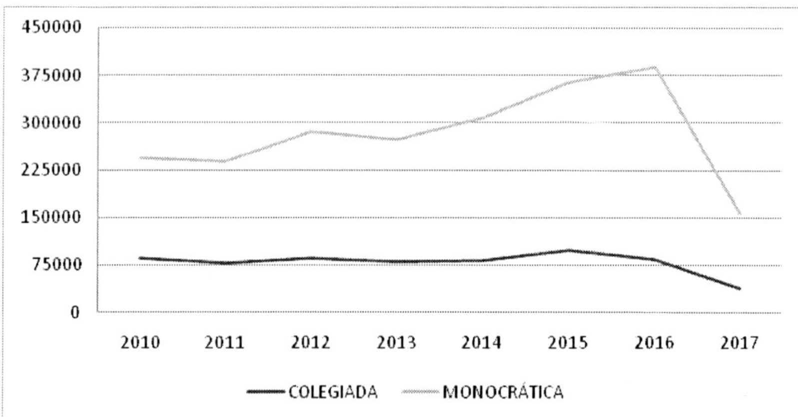

Fonte: Elaborada pelo autor a partir de dados disponibilizados pelo STJ

33 Esta inclinação à monocratização, inclusive, afetou as próprias ações abstratas no STF. *Cf.* ARGUELHES, Diego Werneck; HARTMANN, Ivar. "A monocratização do STF". **Jota**, São Paulo, ago. 2015.Disponível em: < https://jota.info/artigos/a-monocratizacao-do-stf-03082015>. Acesso em: 17 jun. 2017.

Da análise paralela dos perfis de decisão de ambos os Tribunais, a propósito, nota-se que percentualmente o STJ é Tribunal menos monocrático que o STF:

Ilustração 14: Percentual de colegiadas e monocráticas do STF e do STJ por ano

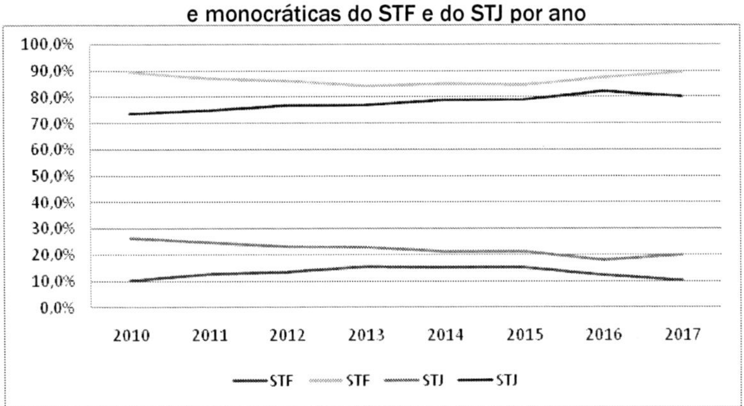

Fonte: Elaborada pelo autor a partir disponibilizados pelo STF e pelo STJ

Decisões autocentradas podem, ainda, por razão da desagregação, além de atribuir maior incerteza às decisões[34], afetar a própria legitimidade da instituição. Este segundo paradigma será analisado mais detalhadamente na próxima seção.

34 Em discussão sobre decisões monocráticas, Armando Castelar afirmou que "decisão monocrática de colegiados, do Supremo em particular, é uma coisa que se inventou no Brasil... e obviamente cria muito problema, porque existe uma razão para se querer que a decisão seja monocrática. O papel do Supremo é exatamente uniformizar o entendimento dentro do Judiciário e o entendimento de alguma regra, e se cada juiz que pode ter... e é obvio que cada Ministro está totalmente livre para ter sua própria opinião sobre o caso, por isso são onze, para se ter uma maioria...; se cada um começa a decidir, a gente começa a ter isso um pouco isso, dependendo de que magistrado, que ministro do Supremo cai, você pode ir mais para cá, mais lá... O pensamento de um colegiado é que as decisões sejam tomadas pelo colegiado e prevaleça só a opinião da maioria. Essa jabuticaba que a gente inventou no Brasil, eu acho que sim, se cria, adiciona uma incerteza muito grande". AYRES Britto e Armando Castelar debatem as decisões monocráticas do Judiciário. Fecomercio-SP, São Paulo, 21mar. 2017. Disponível em: <http://www.fecomercio.com.br/noticia/ayres-britto-e-armando-castelar-debatem-as-decisoes-monocraticas-do-judiciario>. Acesso em: 17 jun. 2017.

Legitimidade deliberativa e robustecimento institucional

Instituições, de maneira ampla, incluindo-se o Judiciário, almejam alguma legitimidade, na acepção sugerida por Blake Brown, de *credibilidade*[35], na acepção de *aquiescência* de James Gibson & Michael Nelson[36] ou, ainda, na acepção de *apoio difuso*, de David Easton[37] referenciada por Gibson & Nelson. Isto é, as instituições e o Judiciário amparam-se na necessária pressuposição dominante de que possuem suficientes habilidades para desempenhar satisfatoriamente suas atribuições[38]. Tem-se, ainda que o Judiciário não possui *neither the power of the purse nor the sword*[39] e a autoridade das suas decisões depende

35 "By "legitimacy" I mean something akin to "credibility". Thus, "judicial legitimacy" refers to the belief by the public and legal profession that the judiciary is capable, learned, and attentive to the task of judging. By legitimacy I do not intend to raise general philosophical questions concerned with the rule of law. Such questions may include whether a judge in a particular case made an illegitimate decision by stepping beyond the court's jurisdiction and into, for instance, the political realm, or whether the very idea of judicial review is legitimate". BROWN, R. Blake. "The Supreme Court of Canada and Judicial Legitimacy: The Rise and Fall of Chief Justice Lyman Poore Duff". **McGill Law Journal**, vol. 47, 2002, p. 562.

36 "The ability of legitimacy to induce acquiescence to judicial decisions is part of what scholars refer to as the "legitimacy conferring capacity" of the institution. Legitimacy is conferred on the decision, and because the decision is legitimate, citizens accept it, even when they disagree with it". GIBSON, James; NELSON, Michael. "The Legitimacy of the U.S. Supreme Court: Conventional Wisdoms, and Recent Challenges Thereto". **Annual Review of Law and Social** Science, vol. 10, 2014, p. 204.

37 "The... diffuse support, "refers to a 'reservoir of favorable attitudes or good will that helps members to accept or tolerate outputs to which they are opposed or the effects of which they see as damaging theirwants". GIBSON, James; NELSON, Michael. "The Legitimacy of the U.S. Supreme Court: Conventional Wisdoms, and Recent Challenges Thereto". **Annual Review of Law and Social** Science, vol. 10, 2014, p. 204.

38 Legitimidade possui significações diversas e pode ser discutida a partir de muitas outras searas. Nesta obra, porém, a definição não será problematizada, já que serve para propósitos limitados.

39 "Whoever attentively considers the different departments of power must perceive, that, in a government in which they are separated from each other, the judiciary, from the nature of its functions, will always be the least dangerous to

significativamente dasubordinação altruística dos jurisdicionados (no que se incluem outras instituições), de modo que, na ausência de legitimação, o Judiciário pode ser repreendido e suas decisões podem ser ignoradas.

Embora, nos Estados Unidos, ao menos a partir de 1958, no precedente *Cooper v. Aaron*[40], a Suprema Corte (SCOTUS) haja reiteradamente afirmado que suas opiniões são *the supreme law of the land*, e que, no Brasil, o STF, na ADI 3345[41], já haja afirmado que *o modelo político-jurídico vigente em nosso País confere, à Suprema Corte, a singular prerrogativa de dispor do monopólio da última palavra em tema de exegese das normas inscritas no texto da Lei Fundamental*, identificam-se, na história, recorrentes relatos de descumprimento de decisões de Tribunais. Nos Estados Unidos, Abraham Lincoln se recusou a im-

---

the political rights of the Constitution; because it will be least in a capacity to annoy or injure them. The Executive not only dispenses the honors, but holds the sword of the community. The legislature not only commands the purse, but prescribes the rules by which the duties and rights of every citizen are to be regulated. The judiciary, on the contrary, has no influence over either the sword or the purse; no direction either of the strength or of the wealth of the society; and can take no active resolution whatever. It may truly be said to have neither FORCE nor WILL, but merely judgment; and must ultimately depend upon the aid of the executive arm even for the efficacy of its judgments". HAMILTON, Alexander. "The Federalist n. 78". In: MADISON, James; HAMILTON, Alexandre; JAY, John. **The Federalist Papers**. London: Penguin Books, 1987, p. 437.

40 ESTADOS UNIDOS. United States Supreme Court. Requerente: John Aaron. Requerido: William G. COOPER et al., Members of the Board of Directors of the Little Rock, Arkansas, Independent School District, and Virgil Blossom, Superintendent of Schools. Julgado nº 1. Washington DC, 12 de setembro de 1958.

41 BRASIL. Supremo Tribunal Federal. FISCALIZAÇÃO NORMATIVA ABSTRATA – PROCESSO DE CARÁTER OBJETIVO – LEGITIMIDADE DA PARTICIPAÇÃO DE MINISTRO DO SUPREMO TRIBUNAL FEDERAL (QUE ATUOU NO TSE) NO JULGAMENTO DE AÇÃO DIRETA AJUIZADA CONTRA ATO EMANADO DAQUELA ALTA CORTE ELEITORAL – INAPLICABILIDADE, EM REGRA, DOS INSTITUTOS DO IMPEDIMENTO E DA SUSPEIÇÃO AO PROCESSO DE CONTROLE CONCENTRADO, RESSALVADA A POSSIBILIDADE DE INVOCAÇÃO, POR QUALQUER MINISTRO DO STF, DE RAZÕES DE FORO ÍNTIMO. Ação Direta de Inconstitucionalidade nº 3345/DF. Requerente: Partido Progressistas. Requerido: Tribunal Superior Eleitoral. Relator: Ministro CELSO DE MELLO. Brasília, 25 de agosto de 2005. **DJE,** Brasília, 20 de agosto de 2010, nº 154.

plementar a decisão do *Chief Justice* Roger Taney no precedente *Ex parte Marryman*,que deferiu o pedido de *habeas corpus* ao prisioneiro de guerra John Marryman[42]; já no precedente *Worcester v. Georgia*, no qual a SCOTUS declarou que os índios *Cherokeee* possuíam o domínio legítimo de determinadas áreas no Estado da Georgia supostamente produtoras de ouro, o Presidente Andrew Jackson, ao receber a intimação da decisão, imediatamente despachou soldados para o Estado, não para implementar a decisão do Tribunal, mas, diversamente, para repelir os índios[43].

No Brasil, o STF, no ano de 1999, julgou procedente o RMS 23040[44], para determinar ao Ministro de Estado do Trabalho *a convo-*

---

42 ESTADOS UNIDOS. United States Supreme Court. Requerente: John Marryman. Requerido: nenhum. Julgado nº 9487. Washington DC, 1 de junho de 1961.Embora haja dúvidas sobre a data e sobre o Tribunal responsável pelo julgamento, já que o *Justice* Taney integrava o *United States Circuit Court for the District of Maryland* na qualidade de *riding justice*, por determinação do *Judiciary Act of 1869*; *cf.* TILLMAN, Seth Barrett. "Ex Parte Merryman: Myth, History, and Scholarship". **Military Law Review**, 224, 2016

43 ESTADOS UNIDOS. United States Supreme Court. Requerente: Samuel Worcester. Requerido: Estado da Geórgia. Julgado nº 31 US 515. Washington DC, 3 de março de 1832. Jackson ainda respondeu: "John Marshall has made his decision; now let him enforce it". BREYER, Stephen. "Judicial Independence: Remarks by Justice Breyer". **The Georgetown Law Journal**, vol. 95, 2007, p. 906.

44 BRASIL. Supremo Tribunal Federal. Mandado de segurança. Recurso ordinário. 2. Segurança requerida contra ato do Ministro de Estado do Trabalho, por candidatos aprovados na primeira fase do concurso de Fiscal do Trabalho. Direito a serem convocados para a segunda etapa do concurso, consistente no Programa de Formação, considerando regra contida no edital. 3. Previsão expressa, em segundo edital, de que os candidatos selecionados na primeira estapa poderiam participar da segunda fase do certame para fins de provimento de vagas também estabelecidas em " outros Editais que venham a ser publicados." 4. Não fica a Administração impedida de iniciar outro concurso público; não poderá, entretanto, preterir os candidatos já aprovados na primeira fase do anterior, quanto à convocação para a Segunda Etapa, observada a ordem de classificação. 5. Recurso ordinário conhecido e provido para deferir o mandado de segurança, ficando, em consequência, a autoridade coatora impedida de nomear candidatos aprovados em posterior concurso de Fiscal do trabalho, enquanto não se concluir o primeiro concurso aludido com a convocação dos impetrantes à segunda etapa – Programa de Formação. Consoante o edital, a conclusão do concurso pressupõe a realização de sua segunda etapa. Recurso em Mandado

cação dos impetrantes à segunda etapa... do concurso de Fiscal do Trabalho. Posteriormente, já no ano 2001, o Tribunal julgou procedente a Rcl 1728, na qual se arguia o descumprimento da decisão no RMS. Nesta reclamação, a propósito, o Ministro Celso de Mello afirmou ser injustificável o procedimento da União de não atender à determinação do acórdão do STF, *trata[ndo-se] de gesto intolerável e inaceitável em um sistema que, fundado em bases democráticas, rege-se no princípio fundamental da separação de poderes*[45]. Embora o STF haja suspendido a decisão do RMS no ano de 2002 na ação rescisória 1685-MC/DF[46], a União deu

de Segurança nº 23040/DF. Requerente: Adélia de Araújo Gonçalves e outros. Requerido: União Federal. Relator: Ministro NÉRI DA SILVEIRA. Brasília, 14 de setembro de 1999. **DJ**, Brasília, 17 de dezembro de 1999, vol. 1976, p. 276.

45 BRASIL. Supremo Tribunal Federal. Reclamação. Ministro do Trabalho e Emprego, que estaria a descumprir o acórdão da 2ª Turma do Supremo Tribunal Federal, que conheceu e deu provimento ao Recurso Ordinário em Mandado de Segurança n.º 23.040, para conceder o writ 2. Incabível invocar contra o aresto, trânsito em julgado, a existência de "óbices intransponíveis de ordem legal", inclusive a não mais existência do cargo reclamado. 3. De decisão judicial, transita em julgado, resulta, em favor de seus beneficiários, título de direito, que lei posterior ou ato normativo com força de lei não podem prejudicar (CF, art. 5º, XXXVI). 4. Diante de decisão judicial, com plena eficácia, não cabe à administração ou ao destinatário do cumprimento do que decidido pretender, no âmbito de sua esfera administrativa ou competência, reabrir discussão sobre a matéria, em seu mérito, objeto do decisum, quer com alegações de decadência, quer de existência de litisconsórcio necessário, quer de outra quaestio juris sobre a relação processual instaurada. 5. Acórdão que favorece, tão-somente, os impetrantes do mandado de segurança, que é processo de natureza subjetiva, ficando, assim, o decisum, na sua eficácia, limitado apenas aos autores da ação mandamental. 6. Reclamação julgada procedente para determinar que, em cumprimento ao acórdão do Supremo Tribunal Federal, no Recurso Ordinário em Mandado de Segurança n.º 23.040-9-DF, no prazo de trinta(30) dias, proceda, sob as penas da lei, a autoridade reclamada, à efetivação dos atos de nomeação dos impetrantes, ora reclamantes, em cargo de Auditor Fiscal do Trabalho, em que se converteu o cargo de Fiscal do Trabalho. Reclamação nº 1728/DF. Requerente: Adélia de Araújo Gonçalves e outros. Requerido: Ministro de Estado de Trabalho e Emprego. Relator: Ministro NÉRI DA SILVEIRA. Brasília, 6 de novembro de 2001. **DJ**, Brasília, 19 de dezembro de 2001, vol. 2054, p. 217.

46 BRASIL. Supremo Tribunal Federal. AÇÃO RESCISÓRIA. MANDADO DE SEGURANÇA. RECURSO ORDINÁRIO. CONCURSO PÚBLICO. FISCAL DO TRABALHO. MEDIDA CAUTELAR CONCEDIDA AD RE-

posse aos aprovados apenas 7 (sete) meses (no mês de dezembro de 2015[47]) depois da decisão definitiva de improcedência da rescisória (no mês de abril de 2015), isto, ainda, por razão de decisão proferida pelo STF no mês de novembro de 2015 na Rcl 1728 CumpSent, após nova arguição de descumprimento da decisão.Nesta decisão, inclusive, o Ministro Luiz Fuz afirmou no acórdão haverem decorrido *quatorze anos de descumprimento da determinação judicial* e o Ministro Marco Aurelio, na sua manifestação incidente, disse que *houve um escancarado descumprimento da decisão formalizada na reclamação*[48].

FERENDUM DO PLENÁRIO. ANTECIPAÇÃO DOS EFEITOS DA TUTELA PRETENDIDA. EXCEPCIONALIDADE DO CASO. CABIMENTO. 1. Ocorrência de plausibilidade jurídica na alegação de violação ao art. 47 do CPC (litisconsórcio necessário), por inexistência de pedido de citação dos candidatos aprovados melhor classificados, possivelmente afetados pela decisão rescindenda; 2. Verossimilhança da alegação de erro de fato. Inobservância, pela decisão rescindenda, do caráter regional do certame e a conseqüente convocação, para o curso de formação, de número de candidatos cuja classificação não alcançou a dos requeridos; 3. Acolhimento da alegação do alto grau de dificuldade na reparação dos danos a serem causados, tendo em vista os transtornos administrativos que adviriam da nomeação de 119 candidatos para vagas hoje inexistentes no Estado do Rio de Janeiro; 4. Ademais, os elementos trazidos aos autos revelam a inocorrência da abertura de novo concurso público durante o prazo de validade daquele prestado pelos requeridos, além da não obrigatoriedade da Administração Pública em convocar para a segunda etapa do certame (curso de formação), os candidatos que, embora aprovados na primeira etapa, não obtiveram classificação dentro do número de vagas previstas no edital. Precedentes: RMS nº 23.788, Maurício Corrêa, MS 21.915, Ilmar Galvão e RMS nº 23.793, Moreira Alves. Cautelar deferida referendada pelo Plenário do Supremo Tribunal Federal. Medida Cautelar em Ação Rescisória nº 1685/DF. Requerente: União. Requerido: Adélia de Araújo Gonçalves e outros. Relator: Ministra ELLEN GRACIE. Brasília, 12 de junho de 2002. **DJ,** Brasília, 12 de março de 2004, vol. 2143, p. 66.

47 Edital 24/2015/CGRH/MTPS, **Diário Oficial da União**, Brasília, 8dez. 2015, Seção 3, p. 117.

48 BRASIL. Supremo Tribunal Federal. RECLAMAÇÃO. EXECUÇÃO DE DECISÃO TRÂNSITA NESTES AUTOS EM 2001. QUATORZE ANOS DE DESCUMPRIMENTO DA DETERMINAÇÃO JUDICIAL DESTES AUTOS ORIUNDA DE ÓRGÃO FRACIONÁRIO DESTA CORTE. RECONHECIMENTO DO TRÂNSITO. POSSIBILIDADE. NATUREZA JURÍDICA DA RECLAMAÇÃO DE AÇÃO CONSTITUCIONAL. DESCUMPRIMENTO,

Em 1939, ainda, o Presidente Getúlio Vargas decretou o Dec.-Lei 1.564/39[49] que, reputando que a decisão do STF que declarara a inconstitucionalidade da incidência do imposto de renda sobre pagamentos realizados por Estados ou Municípios *não consulta[va] o interesse nacional e o princípio da divisão equitativa do ônus do imposto, confirm [ou] os textos de lei... que sujeitaram ao imposto de renda os vencimentos pagos pelos cofres públicos estaduais e municipais*, determinando ainda que *fica[vam] sem efeito as decisões do Supremo Tribunal Federal e de quaisquer outros tribunais e juízes que tenham declarado a inconstitucionalidade desses mesmos textos*.

Estes precedentes ilustrativos demonstram que descumprimentos de decisões judiciais não são incomuns e a ausência de legitimidade dos Tribunais, apesar de não ser para qualquer hipótese a singular razão para determiná-los, possui relevância premente nas relações interinstitucionais e realça a autoridade das decisões judiciais. Por isso, presumidamente, os *Justices* da SCOTUS afirmaram no precedente *Planned Parenthood v. Casey* que *o poder do Tribunal repousa sobre sua legitimidade, um produto de substância e percepção que se mostra na aceitação da adequação do Poder Judiciário para determinar o significado da lei e declarar o que a mesma determina*[50]. E, além desta decisão, a SCOTUS

PELA UNIÃO, DA DECISÃO PROFERIDA NOS AUTOS DO RMS 23.040 E NESTA RECLAMAÇÃO. PROCEDÊNCIA. AUTORIDADE RECLAMADA. CUMPRIMENTO DA DECISÃO JUDICIAL CONSTANTE DESTES AUTOS COM OBSERVÂNCIA DE UM CRONOGRAMA RAZOÁVEL CONSIDERADO O ATUAL CENÁRIO DE CRISE ECONÔMICA. Cumprimento de Sentença na Reclamação nº 1728/DF. Requerente: Adélia de Araújo Gonçalves e outros. Requerido: Ministro de Estado do Trabalho e Emprego. Relator: Ministro LUIX FUX. Brasília, 24 de novembro de 2015. **DJe,** Brasília, 18 de abril de 2016, nº 72.

49 BRASIL. Decreto-Lei nº 1.564 de 5 de setembro de 1939. Confirma os textos de Lei, decretados pela União, que sujeitaram ao imposto de renda os vencimentos pagos pelos cofres públicos estaduais e municipais. **Diário Oficial da União,** Brasília, 8set. 1939. Disponível em: < http://www2.camara.leg.br/legin/fed/declei/1930-1939/decreto-lei-1564-5-setembro-1939-411497-publicacaooriginal-1-pe.html>. Acesso em: 18 jun. 2015.

50 "The Court's power lies, rather, in its legitimacy, a product of substance and perception that shows itself in the people's acceptance of the Judiciary as fit to determine what the Nation's law means, and to declare what it demands.

realizou pelo menos 70 (setenta) outras referências desde 1954 à sua própria legitimidade institucional para decidir[51].

É relativamente incontroverso, portanto, que legitimidade, na acepção adotada nesta obra, é paradigma relevante para Tribunais judiciais. Disto novamente se infere que decisões autocentradas podem significar risco reverso relevante à legitimidade, que pode ser analisada a partir de dois níveis: (i) da própria instituição e (ii) das decisões da instituição. Idealmente, a instituição e quaisquer de suas decisões devem possuir idêntica legitimidade, que, porém, para determinadas hipóteses, pode possuir níveis desiguais. Decisões autocentadas afetam ambos os níveis, porém, mais significativamente, o segundo, de distintos modos, a depender da modalidade de decisão.

No que se refere às decisões monocráticas, reitere-se que sua replicação nos Tribunais superiores aumenta as possibilidades de perfis

---

The Court must take care to speak and act in ways that allow people to accept its decisions on the terms the Court claims for them, as grounded truly in principle, not as compromises with social and political pressures having, as such, no bearing on the principled choices that the Court is obliged to make. Thus, the Court's legitimacy depends on making legally principled decisions under circumstances in which their principled character is sufficiently plausible to be accepted by the Nation". ESTADOS UNIDOS. United States Supreme Court. Requerente: Planned Parenthood of Southeastern Pennsylvania et al. Requerido: Casey, Governador do Estado da Pennsylvania et al. Julgado nº 91-744. Washington DC, 29 de junho de 1992.

51 "The Casey example is not unique; Farganis (2012, 207) reports that "since the Court's 1954 decision in Brown, in fact, the justices have made seventy-one such references to the Court's institutional legitimacy, compared with just nine in the 164 years up to that point." GIBSON, James; NELSON, Michael. "The Legitimacy of the U.S. Supreme Court: Conventional Wisdoms, and Recent Challenges Thereto". **Annual Review of Law and Social** Science, vol. 10, 2014, p. 203.

de decisão altamente individuais[52], inclusive para questões sensíveis[53]. Para o Ministro Luis Roberto Barros, inclusive, ocorreu uma "*monocratização qualitativa*" *do STF, isto é, o crescente julgamento de casos de maior relevância política, econômica e social para o país de forma monocrática pelos Ministros do Supremo*[54]. Entretanto, o próprio Ministro recomendou

52 Em reportagem, o Ministro do STJ Villas Bôas Cueva afirmou que "dentro de um mesmo gabinete, o volume é tão grande de decisões monocráticas que há discrepância de decisões de um mesmo julgador que aprecia a questão sem levar em conta o precedente. Também porque rouba o caráter colegiado do tribunal, que existe exatamente para que a apreciação das questões seja feita por vários julgadores com vários pontos de vista diferentes". Do mesmo modo, o advogado Flávio Yarshell afirmou que a decisão monocrática "gera um risco ainda maior de instabilidade dentro da jurisprudência de um tribunal. Pois, se já existe o risco de decisões divergentes entre tribunais e entre órgãos de uma mesma corte, na medida em que a atuação individual dos componentes do tribunal é ampliada, abre-se um espaço ainda maior para a perplexidade do jurisdicionado diante de soluções que podem chegar a ser lotéricas". SUPREMO deve rever temas sob o rito da repercussão geral, afirma Barroso. Conjur, São Paulo, 11ago. 2016. Disponível em: < http://www.conjur.com.br/2016-ago-11/supremo-rever-temas-repercussao-geral-afirma-barroso>. Acesso em: 18 jun. 2017.

53 Em revisão da atuação do STF no ano de 2016, inclusive, o Ministro Luis Roberto Barroso afirmou que o *excesso de decisões monocráticas* se refere a uma das *críticas justas* recebidas pelo Tribunal. Disse a respeito, a propósito, que "do total de decisões proferidas pelo Tribunal em 2016 – incríveis 117 mil –, a imensa maioria foi de natureza monocrática. A explicação é singela: o volume de processos é imenso e o STF realiza cerca de 80 sessões plenárias por ano. Isso significa uma capacidade máxima de julgar cerca de 250 processos anualmente, fazendo o cálculo otimista de três processos por sessão. Como há no estoque do final do ano que se encerrou 61.816 processos pendentes de decisão, só para julgá-los, admitindo-se, contrafactualmente, que não entrasse mais nenhuma causa nova, seriam necessários 247 anos para liquidar o passivo existente. Se contabilizássemos os julgamentos em lista e nas Turmas, esse número diminuiria, mas nada que desfizesse o absurdo. Portanto, resta a alternativa monocrática". BARROSO, Luis Roberto. "O Supremo Tribunal Federal em 2016: o ano que custou a acabar". Disponível em: <http://www.migalhas.com.br/arquivos/2017/1/art20170109-01.pdf>. Acesso em: 19 jun. 2017, p. 7.

54 Entre as questões destacadas, no ano de 2016, mencionou "(i) a anulação do ato de nomeação de Ministro Chefe da Casa Civil, (ii) a abertura de processo de impeachment contra o então vice-Presidente da República, (iii) o afastamento cautelar do Presidente da Câmara dos Deputados do mandato parlamentar e da função presidencial, (iv) o afastamento cautelar do Presidente do Senado

que, *o que o Tribunal deveria fazer para reduzir a exposição de sua imagem nesses casos é um pacto para que qualquer questão institucionalmente relevante seja decidida colegiadamente*[55].

Esta proposta se justifica, porque, reportando-se a artigo de 2010, de Oscar Vilhena, que analisa o padrão decisório do STF, *um tribunal é, por definição, colegiado e daí deriva grande parte de sua autoridade, que o excesso de decisões monocráticas põe em risco*[56].Esse risco se materializou mais recentemente, no STF, no julgamento do ADPF 402-MC[57], na qual o Ministro Marco Aurelio, monocraticamente, determinou o afastamento do Senador Renan Calheiros *do cargo de Presidente do Senado*. Não obstante, posteriormente a Mesa do Senado afirmou que, para a implementação da decisão, *aguardar[ia] a deliberação final do Pleno*

Federal, e (v) a suspensão de atos referentes à tramitação do projeto de lei de iniciativa popular de combate à corrupção". BARROSO, Luis Roberto. "O Supremo Tribunal Federal em 2016: o ano que custou a acabar". Disponível em: <http://www.migalhas.com.br/arquivos/2017/1/art20170109-01.pdf>. Acesso em: 19 jun. 2017, p. 8.

55 BARROSO, Luis Roberto. "O Supremo Tribunal Federal em 2016: o ano que custou a acabar". Disponível em: <http://www.migalhas.com.br/arquivos/2017/1/art20170109-01.pdf>. Acesso em: 19 jun. 2017, p. 8.

56 VIEIRA, Oscar Vilhena. "Quando menos é mais". **CNJ:** Canal de Estratégia do Judiciário Brasileiro, Brasília, abr. 2010.Disponível em: <http://www1.trt18.jus.br/ascom_clip/pdf/4754.pdf>. Acesso em: 17 jun. 2017.Neste mesmo sentido já se manifestou a Ministra do STJ Nanci Andrighi, ao afirmar que as decisões monocráticas *prejudica[m] a imagem do Poder Judiciário*. DECISÕES monocráticas e cautelares prejudicam a imagem do Judiciário. Estadão, São Paulo, 14 mar. 2016. Disponível em: < http://cultura.estadao.com.br/blogs/direto-da-fonte/decisoes-monocraticas-e-cautelares-prejudicam-a-imagem-do-judiciario/>. Acesso em: 18 jun. 2017.

57 BRASIL. Supremo Tribunal Federal. [MONOCRÁTICA]. Medida Cautelar na Arguição de Descumprimento de Preceito Fundamental nº 402/DF. Requerente: Rede Sustentabilidade. Requerido: Presidente da Câmara dos Deputados. Relator: Ministro MARCO AURELIO. Brasília, 5 de dezembro de 2016. **DJe,** Brasília, 6 de dezembro de 2016, nº 261. Posteriormente, o Plenário do STF referendou apenas parcialmente a decisão do Ministro Aurelio, para afirmar que, na qualidade de réu, o senador Renan Calheiros (PMDB-AL) não poderá substituir o presidente da República nos seus impedimentos, mas que poderá se manter no Senado.

do Supremo Federal[58]. Em manifestação sobre a decisão, a propósito, o Ministro aposentado do STJ, Gilson Dipp, afirmou que *por uma questão de ocasião e de oportunidade, um dos integrantes atravessa a decisão do colegiado, ainda que de forma cautelar, para satisfazer a própria vontade ou a da opinião pública*, o que *enfraquece o STF enquanto instituição e... tira totalmente o caráter de colegiado da Corte*, sendo, *no mínimo..., uma decisão que não acrescenta credibilidade ao Supremo.*[59]

Esta decisão legislativa não é isolada, porém. Em 2011, o Ministro Marco Aurelio, novamente, na decisão monocrática no MS 30357[60], deferiu liminar requerida *para que [a Câmara] observe, ante o afastamento do Deputado Danilo Jorge de Barros Cabral, o suplente do partido que capitaneou a respectiva eleição, ou seja, do Partido Socialista Brasileiro.* Neste processo, o suplente Severino de Souza Silva *objetiva[va] garantir a posse... no cargo de Deputado Federal, em razão do licenciamento do Deputado Danilo Jorge de Barros Cabral*, isto porque, na sua interpretação, acolhida pelo Ministro, o suplente deveria integrar o mesmo partido do parlamentar licenciado. Para a Câmara dos Deputados (CD), porém, o suplente deveria integrar a *mesma coligação*. Embora intimado da decisão, o Presidente da CD daquele ano legislativo, Deputado Marco Maia, afirmou que *nada muda até que haja uma decisão do pleno do Supremo*[61].

---

58 Disponível em: <http://www12.senado.leg.br/noticias/arquivos/2016/12/06/decisao-da-mesa-do-senado-federal>. Acesso em: 20 jun. 2017.

59 Esta decisão, afirmou-se, *coloc[ou] o STF no centro da crise entre os Poderes* e, inclusive, levou o Ministro Gilmar Mendes a recomendar que o *impeachment* do Ministro Marco Aurelio. PARA juristas, decisão de Marco Aurélio coloca STF no centro da crise entre Poderes. O Globo, Rio de Janeiro, 6 dez, 2016. Disponível em: <https://oglobo.globo.com/brasil/para-juristas-decisao-de-marco-aurelio-coloca-stf-no-centro-da-crise-entre-poderes-20598513>. Acesso em: 20 jun. 2017.

60 BRASIL. Supremo Tribunal Federal. [MONOCRÁTICA]. Mandado de Segurança nº 30357/DF. Requerente: Severino de Souza Silva. Requerido: Presidente da Mesa Diretora da Câmara dos Deputados. Relator: Ministro MARCO AURELIO. Brasília, 12 de fevereiro de 2011. **DJe,** Brasília, 21 de fevereiro de 2011, nº 34.

61 Disponível em: <http://www2.camara.leg.br/camaranoticias/radio/materias/DEPUTADO-NA-VOZ-DO-BRASIL/393391--MARCO-MAIA---1.html>. Acesso em: 20 jun. 2017. Há informação de nomeação do suplente apenas

Estes precedentes, que ilustram a *relação desigual entre o poder individual dos ministros e o poder do plenário* – assim definida por Diego Werneck[62] – parecem sugerir que decisões monocráticas podem não dispor da mesma legitimidade que decisões proferidas por órgãos plúrimos. Isto, ainda, poderia ser justificado por decorrerem as decisões monocráticos de opções não *deliberadas colegiadamente*[63]. Nas demais modalidades de decisões autocentradas, identifica-se o mesmo *déficit* de legitimação, precisamente porque reduzem ou limitam a *deliberação colegiada* nos processos de decisão. Esta deliberação possui *papel decisivo nos Tribunais*[64], mas a *colegialidade* pressupõe, para Virgilio Afonso da Silva, (i) *a disposição para trabalhar como um time;* (ii) *a ausência de hierarquia entre os juízes;* (iii) *o desejo de ouvir os argumentos antecipados por outros juízos;* (iv) *a cooperatividade no processo de decisão*; (v) *o respeito mútuo entre os juízes;*(vi) *a disposição de falar, sempre que possível, não como uma soma de indivíduos, mas como uma instituição*[65].

---

no mês de outubro de 2011, após a revogação da liminar deferida, isto ainda, sem amparo naquela decisão. Disponível em: <http://www.camara.leg.br/internet/SitaqWeb/TextoHTML.asp?etapa=5&nuSessao=289.1.54.O&nuQuarto=15&nuOrador=1&nuInsercao=0&dtHorarioQuarto=14:42&sgFaseSessao=PE&Data=20/10/2011&txApelido=AMAURI TEIXEIRA (PRESIDENTE), PT-BA>. Acesso em: 20 jun. 2017.

62 *Cf.* CRISE conjuntural é consenso entre pesquisadores em fórum. Unicamp, Campinas, 9 jun. 2016. Disponível em: <http://www.unicamp.br/unicamp/noticias/2016/06/09/crise-conjuntural-e-consenso-entre-pesquisadores-em-forum?language=pt-br>. Acesso em: 19 jun. 2017.

63 "Advocates of judicial review usually argue that, in order to compensate for the lack of democratic legitimacy of institutions that exercise judicial review of legislation, its sources of legitimacy are different from those of legislatures. One of these sources of legitimacy is namely the quality of deliberation within the courts". DA SILVA, Virgilio Afonso. "Deciding without Deliberating". **International Journal of Constitutional Law**, vol. 11, 2013, p. 1. Embora, aqui, a acepção de legitimidade seja ldiferente daquela que adotamos.

64 DA SILVA, Virgilio Afonso. "Deciding without Deliberating". **International Journal of Constitutional Law**, vol. 11, 2013, p. 2.

65 "Collegiality implies, among other things, (i) the disposition to work as a team; (ii) the absence of hierarchy among the judges (at least in the sense that the arguments of any and all judges have the same value); (iii) the willingness to listen to arguments advanced by other judges (i.e. being open to be convinced

Entretanto, não se identificam de modo pleno, pelo menos no âmbito do STF, nenhum dos requisitos[66], que, amplamente, são atrapalhados por alguma modalidade de decisão autocentrada, mormente decisões insulares, as quais dominam as sessões do STF (decisões adesivas e não reflexivas são mais predominantes nos Tribunais de segunda instância[67]). É quase axiomático afirmar que *decidir coletivamente... não pode se resumir a contar votos*, de modo que *o pressuposto básico de um tribunal que profere a última palavra sobre questões de tamanha relevância é que suas decisões sejam fruto de um robusto processo de deliberação*

---

by good arguments from other judges);23 (iv) a cooperativeness in the decision-making process;24 (v) mutual respect among judges; (vi) the disposition to speak, whenever possible, not as a sum of individuals but as an institution (consensus seeking deliberation)". DA SILVA, Virgilio Afonso. "Deciding without Deliberating". **International Journal of Constitutional Law**, vol. 11, 2013, p. 8.

66 Inclusive no que se refere à hierarquia. Isso pode ocorrer, para Virgilio Afonso da Silva, quando houver determinada distribuição de votos que privilegie os primeiros ou os últimos decisores (imaginando que os 6 (seis) seis primeiros Ministros já hajam votado no mesmo sentido, a influência da opinião dos 5 (cinco) últimos será reduzida". DA SILVA, Virgilio Afonso. "Deciding without Deliberating". **International Journal of Constitutional Law**, vol. 11, 2013, p. 20.

67 Respondendo a perguntas sobre o processo deliberativo no STF, o Ministro Cezar Peluso disse que "a discussão em público impede ajustes de ponto de vista, impede... Eu não me lembro de nenhum caso específico em que o ministro do Supremo, diante de uma argumentação feita em público, disse em relação ao outro, "V.Exa. tem toda razão, eu estou enganado". Não vi. Se houve, não registrei. Se o senhor sabe, pode me contar. Isso seria possível numa reunião privada, particular, onde se conversa entre si. "Ah, mas o povo precisa saber..." O povo precisa saber qual é a opinião da corte. E a opinião de quem diverge, ele escreve: "Não concordo com a opinião da maioria por isso, isso", escreve, está lá no voto dele, vencido, por escrito. Assim acontece nos Estados Unidos. Então eu acho que a exposição ao público inibe algumas posições que poderiam ser tomadas e que beneficiariam a imagem da corte e fortaleceriam a eficácia pública das suas decisões. Mas uma coisa eu preciso dizer para o senhor, é irreversível, não há quem mude a transmissão do Supremo. Não há no país quem mude a transmissão, não há". FONTAINHA, Fernando de Castro; DA SILVA, Angela Moreira Domingues da; DE ALMEIDA, Fabio Ferraz (org.).**História oral do Supremo (1988-2013)**: Cezar Peluso. Rio de Janeiro: Escola de Direito do Rio de Janeiro da Fundação Getulio Vargas, 2015.

entre os ministros[68]. No STF, porém, predomina a mera agregação não racionalizada de decisões individuais[69].

Nesta lógica decisória numérico-agregativa das decisões insulares, haja ou não divergências – que são naturais[70] e podem até mesmo ser positivas[71] – a legitimidade se deteriora na dispersão das decisões,

---

68 VIEIRA, Oscar Vilhena. "Quando menos é mais". **CNJ:** Canal de Estratégia do Judiciário Brasileiro, Brasília, abr. 2010.Disponível em: <http://www1.trt18.jus.br/ascom_clip/pdf/4754.pdf>. Acesso em: 17 jun. 2017.

69 No STF, "the plenary session means "opinion reading session" rather than "deliberation session". This means that all eleven opinions usually have already been written when the session begins. In other words: the other ten justices write their opinions without knowing the rapporteur's (or any other colleague's) opinion. The results and outcome could not be more at odds with deliberation: the individual justices share neither their votes nor opinions in a dialogue with each other, nor is there direct confronting of arguments. At the most, justices may strengthen or reject the arguments of those bringing the case before the court or the arguments of those public officials responsible for defending the constitutionality of the statute (as these arguments were already public), but they can hardly strengthen or reject, at least directly, the arguments of the justice rapporteur or the arguments of the other justices, since they do not know and cannot access these arguments at the time they write their opinions". Demais disso, "the Brazilian Supreme Court is an extremely uncooperative and individualistic court". DA SILVA, Virgilio Afonso. "Deciding without Deliberating". **International Journal of Constitutional Law**, vol. 11, 2013, pp. 18; 28.

70 Disse o Ministro aposentado do STF Aldir Passarinho que é "natural que durante a discussão de um problema ou outro sobre matéria jurídica houvesse discordância, é natural, é própria de um colegiado a dissensão, a divergência, senão não havia razão nem de ser um colegiado". FONTAINHA, Fernando de Castro; SATO, Leonardo Seiichi Sasada. **História oral do Supremo (1988-2013)**: Aldir Passarinho. Rio de Janeiro: Escola de Direito do Rio de Janeiro da Fundação Getulio Vargas, 2015, p. 39. No mesmo sentido, Jeremy Waldron afirmou que "in principle there is nothing incompatible between deliberation, disagreement, and voting". WALDRON, Jeremy. "Five to four: Why do bare majorities rule on Courts?" **The Yale Law Journal**, vol. 123, 2014, p. 1729.

71 *Justice* Antonin Scalia já afirmou que "dissents augment rather than diminish the prestige of the Court. When history demonstrates that one of the Court's decisions has been a truly horrendous mistake, it is comforting – and conducive of respect for the Court – to look back and realize that at least some of the Justices saw the danger clearly and gave voice, often eloquent voice, to their concern". No mesmo sentido, Melvin Urofsky afirma que "I strongly believe in dissent and that it has an important role to play in our constitutional dialogue,

que reduzem ou nulificam a identidade da decisão. Exemplo disso se identifica no julgamento da ADI 2588[72] pelo STF, que discutia o *imposto de renda de empresas coligadas e controladas no exterior*. Por razão da multitudinariedade de opiniões diversas, o Tribunal não alcançou maioria para decisão de duas das questões submetidas a julgamento, no que se refere à *(in) constitucionalidade das disposições relativas à tributação de coligadas localizadas nos países com tributação favorecida* e no que se refere à *(in)constitucionalidade das disposições relativas à tributação de controladas localizadas nos países sem tributação favorecida*. Demais disso, mesmo após a apresentação das decisões, *a proclamação do resultado do julgamento ficou pendente, em razão de análise para saber se algum entendimento teria, ou não, alcançado a maioria absoluta de seis votos*[73]. Dispersões semelhantes, orientadas por decisões autocentradas, reduzem a legitimidade e a própria identidade da decisão[74].

---

which is part of our great national colloquy on public policy". UROFSKY, Melvin. **Dissent and the Supreme Court:** Its role in the Court's history and the nation's Constitutional Dialogue. New York: Pantheon, 2015, p. 4

72 BRASIL. Supremo Tribunal Federal. TRIBUTÁRIO. INTERNACIONAL. IMPOSTO DE RENDA E PROVENTOS DE QUALQUER NATUREZA. PARTICIPAÇÃO DE EMPRESA CONTROLADORA OU COLIGADA NACIONAL NOS LUCROS AUFERIDOS POR PESSOA JURÍDICA CONTROLADA OU COLIGADA SEDIADA NO EXTERIOR. LEGISLAÇÃO QUE CONSIDERA DISPONIBILIZADOS OS LUCROS NA DATA DO BALANÇO EM QUE TIVEREM SIDO APURADOS ("31 DE DEZEMBRO DE CADA ANO"). ALEGADA VIOLAÇÃO DO CONCEITO CONSTITUCIONAL DE RENDA (ART. 143, III DA CONSTITUIÇÃO). APLICAÇÃO DA NOVA METODOLOGIA DE APURAÇÃO DO TRIBUTO PARA A PARTICIPAÇÃO NOS LUCROS APURADA EM 2001. VIOLAÇÃO DAS REGRAS DA IRRETROATIVIDADE E DA ANTERIORIDADE. MP 2.158-35/2001, ART. 74. LEI 5.720/1966, ART. 43, § 2º (LC 104/2000). Ação Direta de Inconstitucionalidade nº 2588/DF. Requerente: Confederação Nacional da Indústria – CNI. Requerido: Presidente da República. Relator: Ministro JOAQUIM BARBOSA. Brasília, 10 de abril de 2013. **DJe,** Brasília, 10 de fevereiro de 2014, vol.2719, p. 1.

73 DEFINIDO resultado de ADI sobre IR de empresas coligadas e controladas no exterior. Supremo Tribunal Federal, Brasília, 10abr. 2013. Disponível em: < http://www.stf.jus.br/portal/cms/verNoticiaDetalhe.asp?idConteudo=235582>. Acesso em: 26 jun. 2017.

74 Exemplos pertinentes são indicados por Roberto Kayat. *Cf.* KAYAT, Roberto. **Efeitos sistêmicos nas decisões jurisdicionais colegiadas:** uma abordagem a

Por outro lado, apesar de decisões adesivas e de decisões não reflexivas não provocarem dispersão e não afetarem a identidade da decisão, não possuem substrato deliberativo que realce ou qualifique sua legitimidade[75]. Todos os problemas apresentados, porém, são reversíveis[76]. E podem ser revertidos precisamente por meio de desenhos

partir de estudos de Adrian Vermeule e Robert Jervis.Rio de Janeiro, 2012. Dissertação (Mestrado em Direito), Universidade Federal do Rio de Janeiro, 2012. Inclusive, o próprio Ministro Roberto Barroso reconheceu que "em diversos julgamentos do STF, não fica totalmente claro o que foi decidido, nem tampouco qual foi o fundamento jurídico da decisão. Ainda mais grave: muitas vezes, a ementa do acórdão espelha apenas a posição pessoal do relator do caso, e não o que foi efetivamente decidido pela maioria". MENDONÇA, Eduardo; BARROS, Luís Roberto. "STF entre seus papéis contramajoritário e representativo". **Conjur**, Brasília, jan. 2013.Disponível em: Disponível em: <http://www.conjur.com.br/2013-jan-03/retrospectiva-2012-stf-entre-papeis-contramajoritario-representativo>. Acesso em: 26jun. 2017.

75 Isto sem mencionar as limitações do uso de heurísticos nos processos judiciais: "In our own work, we have observed that judges who responded intuitively on the CRT made inaccurate choices. On the judicial decision-making problems, which are obviously more relevant to appraising the relative merits of intuition versus deliberation in court, judges who employed intuitive thinking allowed an irrelevant settlement demand to influence their damage awards, allowed an impressionistic assessment of statistical evidence to shape their liability determinations, and allowed outcome information to influence their assessments of the ex ante predictability of appellate courts.155 In these cases, intuitive, heuristic-based decision making led the judges to make erroneous decisions that they probably would have avoided had they adopted a deliberative approach... Furthermore, the capacity to use intuitive thinking successfully may require years of —effortful study|| as well as accurate and reliable feedback on earlier judgments. Unlike chess grandmasters, judges are unlikely to obtain accurate and reliable feedback on most of the judgments they make; indeed, they are only likely to receive external validation (or invalidation) of the accuracy of their judgments when their rulings are challenged on appeal". GUTHRIE, Chris; RACHLINSKI, Jeffrey; WISTRICH, Andrew. "Blinking on the Bench: How Judges Decide Cases". **Cornell Law Review**, vol. 93, 2007, pp. 129-130.

76 Para Joaquim Falcão "a individualização é um fracasso que pode ser revertido... pelo Supremo". Disse, ainda, que "a estratégia do Supremo de fragmentação, com a existência de 11 Supremos decidindo, tem criado crises políticas. Mas não tem aumentado a eficiência operacional". EM ano de crises, Supremo tem 18% menos decisões coletivas. Folha de São Paulo, São Paulo, 26 dez. 2016. Disponível em: <http://www1.folha.uol.com.br/poder/2016/12/1844509-em-ano-de-crises-supremo-tem-18-menos-decisoes-coletivas.shtml>. Acesso em: 21 jun. 2016.

institucionais que assegurem alguns atributos mínimos às instituições, notadamente ao Poder Judiciário. Estes desenhos não precisam ser necessariamente amplos[77], já que mudanças pequenas podem possuir profundas repercussões nos processos decisórios[78]. Repensar desenhos não significa ainda que devamos ser pessimistas quanto aos modelos predominantes de decisão (*seriatim* ou *per curiam*), mas apenas introduzir premissas que levem a sério os processos reais de atuação de agentes e de instituições na definição dos processos de decisão. Isso, porém, não desabona a afirmação de que, havendo imperfeições no desenho, decisões autocentradas poderão ser (precisamente por não serem o modelo ideal de decisão), decisões segundo-melhor.

77 Essas modificações de *pequena escala* podem inclusive ser suficientes para melhorar democracias, independentemente de rearranjos de *larga escala*. VERMEULE, Adrian. **Mechanisms of Democracy:** Institutional Design Writ Small. New York: Oxford University Press, 2007.

78 Ministro Carlos Velloso, a propósito, já afirmou que a só introdução da TV Justiça alterou o perfil de decisão dos ministros do STF ("Por exemplo, o revisor, se ele estava de acordo com o relator, quantas vezes fiz isso, no antigo TFR, simplesmente declarava: meu voto coincide com o voto do senhor ministro relator. Tenho voto escrito que juntarei aos autos. Ou: concordo com o relator, dou provimento. Farei juntar voto escrito. Veja o tempo que se ganha. Olha o tempo que se ganharia. Quando ocorria, no tribunal, por exemplo, uma divergência, o divergente simplesmente acrescentava: no ponto tal, divirjo, e acrescentava as razões de seu convencimento. Vez ou outra, diante da divergência, o relator rediscutia o ponto controvertido e, vez ou outra, aderia à divergência. Hoje, com a TV, não se faz isso". FONTAINHA, Fernando de Castro; DE PAULA, Christiane Jalles; NUÑEZ, Izabel Saenger (orgs.). **História oral do Supremo (1988-2013)**: Carlos Velloso. Rio de Janeiro: Escola de Direito do Rio de Janeiro da Fundação Getulio Vargas, 2015,p. 134.

CONCLUSÃO

Pretendeu-se, na presente obra, investigar decisões colegiadas, as premissas que incentivam sua instituição, os problemas que podem provocar e os requisitos necessários para que realmente produzam melhores resultados. Nota-se que a precisa realização deste propósito não prescinde da análise multidisciplinar, que pode ser melhor realizada no ínterim da Teoria Institucional. Esta análise permite a investigação ampla das instituições, além dos seus limites normativos.

Depreendeu-se da análise que os colegiados submetem-se a múltiplos problemas, que podem reduzir os benefícios da agregação de indivíduos. Esta agregação pode, inclusive, provocar resultados perversos, piores que aqueles que poderiam ser obtidos por meio de decisores individuais. Isto significa que a só agregação de indivíduos não significa *ipso facto* a obtenção de melhores decisões e não se justifica retoricamente pela premissa aristotélica de *wisdom of crowds*.

Portanto, para que colegiados possam decidir melhor, os desenhos das instituições colegiadas, notadamente dos Tribunais judiciais, deverão identificar adequadamente os riscos de agregação, prever mecanismos que incentivem a deliberação sincera, a divulgação de informações privadas, a supressão de cascatas, a diversidade dos seus membros. Entretanto, se os desenhos não servirem aos presentes propósitos, decisões que desprezem a colegialidade e privilegiem a individualidade poderão ser decisões segundo-melhor.

Esta possibilidade de melhores resultados para decisões autocentradas, porém, dependem idêntica e intimamente do desenho institucional, já que oferecem riscos relevantes que, idealmente, deveriam ser prevenidos. Preferências por órgãos colegiados, portanto, não devem ser irrestritas, mas racionalizadas e diretamente associadas ao desenho institucional, que devem promover suas maiores *virtudes* e suprimir seus maiores *vícios*.

REFERÊNCIAS

ALEXANDER, Ernest R. "Institutional Transformation and Planning: From Institutionalization Theory to Institutional Design". **Planning Theory**, vol. 4, 2005, p. 213.

ANDLER, Daniel. What has collective wisdom to do with wisdom? In: LANDERMORE, Hélène; ELSTER, Jon (eds). **Collective Wisdom: Principles and Mechanisms**. Cambridge: Cambridge University Press, 2012.

ARAUJO, Thiago Cardoso. **Análise Econômica do Direito no Brasil:** Uma Leitura à Luz da Teoria dos Sistemas. Rio de Janeiro: Lumen Juris, 2017.

ARGUELHES, Diego Werneck; HARTMANN, Ivar. "A monocratização do STF". **Jota**, São Paulo, ago. 2015.Disponível em: < https://jota.info/artigos/a-monocratizacao-do-stf-03082015>. Acesso em: 17 jun. 2017.

ARISTOTLE. **Politics.** Tradução de Benjamin Jowett. Oxford: Clarendon Press, 1920.

ASCH, Soloman. "Opinions and Social Pressure". **Scientific American,** vol. 193, no. 5, 1955.

AUSTEN-SMITH, David; BANKS, Jeffrey. Information Aggregation, Rationality, and the Condorcet Jury Theorem. **The American Political Science Review,** vol. 90, no. 1, 1996.

ÁVILA, Humberto. Teoria dos Princípios: Da definição a aplicação dos princípios jurídicos. São Paulo: Malheiros, 2005.

BAHARAD, Eyal; GOLDBERGER, Jacob; KOPPEL, Moshe; NITZAN, Shmuel. "Distilling the Wisdom of Crows: Weighted Aggregation of Decisions on Multiple Issues" (no prelo).

BAHRAMI, Bahador; OLSEN, Karsten; LATHAM, Peter; ROEPSTORFF, Rees; FRITH, Chris. "Optimally Interacting Minds". **Science,** vol. 329, 2010; KORIAT, Asher. "When Are Two Heads Better than One and Why?" **Science,** vol. 336, 2012.

BARROSO, Luís Roberto. "Mudança na jurisprudência do Supremo Tribunal Federal em matéria tributária: segurança jurídica e modulação dos efeitos temporais das decisões judiciais". Disponível em: <http://www.luisrobertobarroso.com.br/wp-content/themes/LRB/pdf/parecer_mudanca_da_jurisprudencia_do_stf.pdf>. Acesso em 16 mai. 2017.

______. "O Supremo Tribunal Federal em 2016: o ano que custou a acabar". Disponível em: <http://www.migalhas.com.br/arquivos/2017/1/art20170109-01.pdf>. Acesso em: 19 jun. 2017.

BARTON, Benjamin. "Do Judges Systematically Favor the Interests of the Legal Profession?" **The University of Tennessee College of Law Legal Studies Research Paper Series**, no. 1, 2007.

BAZERMAN, Max; MOORE, Don. **Processo Decisório.** Tradução de Daniel Vieira. Rio de Janeiro: Elsevier, 2014.

BECKER, Gary. "Crime and Punishment: An Economic Approach". The **Journal of Political Economy**, vol. 76, 1968.

______. **The Economic Approach to Human Behavior.** Chicago, IL: **The** University of Chicago Press, 1990.

BEDNAR, Jenna. Constitutional Change in Federations: The Role of Complementary Institutions. In: BENZ, Arthus; BROSCHEK, Jorg (editors). **Federal Dynamics: Continuity, Change, and the Varieties of Federalism**. Oxford, UK: Oxford University Press, 2013.

BENTHAM, Jeremy. **An Introduction to the Principles of Morals and Legislation**. Kitchener: Batoche Books, 2000.

BREYER, Stephen. "Judicial Independence: Remarks by Justice Breyer". **The Georgetown Law Journal**, vol. 95, 2007, p. 906.

BROWN, R. Blake. "The Supreme Court of Canada and Judicial Legitimacy: The Rise and Fall of Chief Justice Lyman Poore Duff". **McGill Law Journal**, vol. 47, 2002.

BURBANK, Stephen; PLAGER, S. Jay; ABLAVSKY, Gregory. "Leaving the Bench: the Choices Federal Judges Make, What Influences those Choices and their Consequences". **University of Pennsylvania Law Review,** vol. 161, no. 1, 2012.

BUSTAMANTE, Thomas da Rosa. **Teoria do precedente judicial:** a justificação e a aplicação de regras jurisprudenciais. São Paulo: Noeses, 2012.

CALABRESI, Guido. "Some Thoughts on Risk Distribution and The Law of Torts". **Yale Law Journal**, vol. 70, 1961.

CAMINKER, Evan. "Why must inferior Courts obey Superior Court precedents?". **Stanford Law Review**, vol. 46, 1993.

CAPLAN, Bryan. **The Myth of the Rational Voter.** Princeton, NJ: Princeton University Press, 2006.

______. **The Myth of the Rational Voter:** Why Democracies Choose Bad Policies". Princeton: Princeton University Press, 2006.

CHEMERINSKY, Erwin. "History, Tradition, the Supreme Court and the First Amendment". **Hastings Law Journal,** vol. 44, 1993.

CNJ. **Justiça em Números 2014:** ano-base 2013. Brasília: CNJ, 2014.

COASE, Ronald. "Prize Lecture: The Institutional Structure of Production". **Nobelprize.org,** Singapura, 29 jan. 2016.Disponível em: <http://www.nobelprize.

org/nobel_prizes/economic-sciences/laureates/1991/coase-lecture.html>. Acesso em 21 jul. 2015.

______. "The Problem of Social Cost". **Journal of Law and Economics**, vol. 3, 1960.

DA SILVA, Virgilio Afonso. "Deciding Without Deliberating". **International Journal of Constitutional Law**, vol. 11, no. 3, 2013.

DANZIGER, Shai; LEVAV, Jonathan; AVNAIM-PESSO, Liora. "Extraneous Factors in Judicial Decisions". **Proceedings of the National Academy of Sciences**, vol. 108, no. 17, 2011.

DE LAZARI, Igor; BOLONHA, Carlos; RANGEL, Henrique. "A relevância dos limites discricionários do juiz generalista". Revista DireitoGV, vol. 19, n. 2, 2013.

DE LAZARI, Igor; SEPULVEDA, Antonio; RANGEL, Henrique. "Deciding Strategically: Lessons From a Brazilian Supreme Court Decision", **Justia Verdict**, Mountain View, mar. 2016.Disponível em: < https://verdict.justia.com/2016/03/08/deciding-strategically-lessons-from-a-brazilian-supreme-court-decision>. Acesso em: 16 jun. 2017.

DENKIN, Norman K.; LINCOLN, Yvonna S. (eds). **Handbook of Qualitative Research**. Thousand Oaks, CA: Sage Publications, 2000.

EDWARDS, Harry. "The effects of collegiality on judicial decision making". **University of Pennsylvania Law Review**, vol. 151, no. 5, 2003.

EPSTEIN, Lee; LANDES, William M.; POSNER, Richard A. **The Behavior of Federal Judges: A Theoretical and Empirical Study of Rational Choice**. Cambridge: Harvard University Press, 2013.

ESSER, James K. "Alive and Well after 25 Years: a Review of Groupthink Research". **Organizational Behavior and Human Decision Processes**, vol. 73, no. 2, 1998.

FAUST, William. "Group versus individual problem-solving". **Journal of abnormal Psychology**, no. 59, 1959.

FISCHMAN, Joshua. Decision-Making Under a Norm of Consensus: a Structural Analysis of Three-Judge Panels. **American Law & Economics Association Annual Meetings**, no. 58, 2007.

______, Joshua. "Estimating Preferences of Circuit Judges: A Model of Consensus Voting". **Journal of Law and Economics**, vol. 54, no. 4, 2011.

FONTAINHA, Fernando de Castro; VANNUCCHI, Marco Aurélio; DOS SANTOS, Carlos Victor Nascimento (orgs.). **História oral do Supremo (1988-2013)**: Luis Roberto Barroso. Rio de Janeiro: Escola de Direito do Rio de Janeiro da Fundação Getulio Vargas, 2016.

FONTAINHA, Fernando de Castro; DE PAULA, Christiane Jalles; NUÑEZ, Izabel Saenger (orgs.). **História oral do Supremo (1988-2013)**: Carlos Velloso. Rio de Janeiro: Escola de Direito do Rio de Janeiro da Fundação Getulio Vargas, 2015.

FONTAINHA, Fernando de Castro; DE PAULA, Christiane Jalles; SATO, Leonardo Seiichi Sasada; GUIMARÃES, Fabrícia Corrêa (orgs.). **História oral do Supremo (1988-2013):** Nelson Jobim. Rio de Janeiro: Escola de Direito do Rio de Janeiro da Fundação Getulio Vargas, 2015.

FONTAINHA, Fernando de Castro; DA SILVA, Angela Moreira Domingues; DE ALMEIDA, Fabio Ferraz (org.). **História oral do Supremo (1988-2013)**: Cezar Peluso. Rio de Janeiro: Escola de Direito do Rio de Janeiro da Fundação Getulio Vargas, 2015.

FONTAINHA, Fernando de Castro; DA SILVA, Angela Moreira Domingues; NUÑEZ, Izabel Saenger (orgs.). **História oral do Supremo (1988-2013)**: Sepúlveda Pertence. Rio de Janeiro: Escola de Direito do Rio de Janeiro da Fundação Getulio Vargas, 2015.

FONTAINHA, Fernando de Castro; SATO, Leonardo Seiichi Sasada. **História oral do Supremo (1988-2013)**: Aldir Passarinho. Rio de Janeiro: Escola de Direito do Rio de Janeiro da Fundação Getulio Vargas, 2015.

FOWLER, James; JOHSON, Timothy; SPRIGGS, James; JEON, Sangick; WAHLBECK, Paul. "Measuring the Legal Importance of Precedents at the U.S. Supreme Court". **Political Analysis**, vol. 15, no. 3, 2007.

FRIEDMAN, Barry; MARTIN, Andrew; BENNETT, Thomas; SMELCER, Susan. "Divide and Concur: Separate Opinions and Legal Change" (no prelo).

FRIEDMAN, Herbert. "Trial by Jury: Criteria for Convictions, Jury Size and Type I and Type II Errors". **The American Statistician,** vol. 26, no. 2, 1972.

GIBSON, James. L. "From Simplicity to Complexity: The Development of Theory in the Study of Judicial Behavior". **Political Behavior**, vol. 5, no. 1, 1983.

GIBSON, James L.; NELSON, Michael. "The Legitimacy of the U.S. Supreme Court: Conventional Wisdoms, and Recent Challenges Thereto". **Annual Review of Law and Social** Science, vol. 10, 2014

GINSBURG, Douglas. "The Bahavioral of Federal Judges: a View from the D. C. Circuit". **Judicature,** vol. 97, no. 2, 2013.

GLADWELL, Malcolm. **Blink:** a decisão num piscar de olhos. Tradução de Nivaldo Montingelli Jr.Rio de Janeiro: Sextante, 2016.

GOODIN, Robert E. "Institutions and Their Design". In: GOODIN, Robert E. (ed.). **The Theory of Institutional Design.** New York: Cambridge University Press, 1996.

GROFMAN, Bernard; OWEN, Guillermo; FELD, Scott. "Thirteen Theorems in Search of the Truth". **Theory and Decision,** vol. 15, no. 264, 1983.

GUTHRIE, Chris; RACHLINSKI, Jeffrey; WISTRICH, Andrew. "Blinking on the Bench: How Judges Decide Cases". **Cornell Law Review**, vol. 93, 2007.

GROFMAN, Bernard; OWEN, Guillermo; FELD, Scott. "Thirteen Theorems in Search of the Truth". **Theory and Decision,** vol. 15, 1983.

HAMILTON, Alexander. "The Federalist n. 78". In: MADISON, James; HAMILTON, Alexandre; JAY, John. **The Federalist Papers**. London: Penguin Books, 1987.

HARDIN, Garrett. "The Tragedy of the Commons". **Science,** vol. 162, no. 3895, 1968.

HARTMANN, Ivar. "Impeachment: Supremo de Dilma não é o mesmo Supremo de Collor". **Jota**, Brasília, dez. 2015.Disponível em: <http://jota.info/impeachment-supremo-de-dilma-nao-e-o-mesmo-supremo-de-collor>. Acesso em: 19 jan. 2016.

HEATH, Chip; GONZALEZ, Rich; "Interaction with Others Increases Decision Confidence but Not Decision Quality: Evidence against Information Collection Views of Interactive Decision Making". **Organizational Behavior and Human Decision Processes,** vol. 61, no. 3, 1995.

HILBIG, Benjamin; SCHOLL, Sabine; POHL, Rüdiger. "Think or blink – is there cognition heuristic an "intuitive" strategy?". **Judgment and Decision Making**, vol. 5, no. 4, 2010

HUME, David. **Essays and Treatises on Several Subjects.** Vol. 1. Londres: Millar, 1777.

IARYCZOWER, Matias; SHI, Xiaoxia; SHUM, Matthew. "Can Words Get in the Way? The E-ect of Deliberation in Collective Decision-Making". **SSRN,** Cambridge, MA, 7 jun. 2015. Disponível em: < https://papers.ssrn.com/sol3/papers.cfm?abstract_id=2750174>. Acesso em: 12 jun. 2017.

JANIS, Irving. Groupthink. **Psychology Today**, 1971.

JOHNSON, Eric; GOLDSTEIN, Daniel. "Do Defaults Save Lives?" **Science,** vol. 302, 2003.

KAHNEMAN, Daniel. **Rápido e Devagar:** duas formas de pensar. Tradução de Cássio de Arantes Leite. Rio de Janeiro: Objetiva, 2012.

KAYAT, Roberto. **Efeitos sistêmicos nas decisões jurisdicionais colegiadas:** uma abordagem a partir de estudos de Adrian Vermeule e Robert Jervis.Rio de Janeiro, 2012. Dissertação (Mestrado em Direito), Universidade Federal do Rio de Janeiro, 2012.

KELLEY, Harold; THIBAUT, John. "Group problem solving". In: LINDSEY, Gardner; E. ARONSON, Elliot (eds.). **Handbook of social psychology**. Reading, MA: Addison-Wesley, 1969.

KEMP, David. "Júris compostos por seis pessoas para julgamentos de crimes". **Revista Estudos Institucionais,** vol. 2, no. 1, 2016.

KIM, Pauline. "Deliberation and strategy on the United States Courts of Appeals: an empirical exploration of panel effects". **University of Pennsylvania Law Review**, vol. 157, 2009.

KLEIN, Gary. **Sources of Power: How People Make Decisions.** Cambridge, MA:MIT Press, 1999.

KORNHAUSER, Lewis. "Deciding together". **Public Law & Legal Theory Research Paper Series Working Paper,** 13-65, 2013.

KOROBKIN, Russell; ULEN, Thomas. "Law and Behavioral Science: Removing the Rationality Assumption from Law and Economics". **California Law Review**, vol. 88, no. 4, 2000.

KRYGIER, Martin. "Law as Tradition". **Law and Philosophy**, vol. 5, no. 2, 1986.

LADHA, Krishna. "The Condorcet Jury Theorem, Free Speech, and Correlated Votes". **American Journal of Political Science**, vol. 36, no. 3, 1992.

LANDES, William; POSNER, Richard. "The Influence of Economics on Law: a Quantitative Study". **Chicago Working Paper In Law & Economics**, no. 9, 1992.

LE BON, Gustav. **The Crowd:** a Study of the Popular Mind. Mineola, NY: Dover, 2002.

LEFF, Arthur. "Economic Analysis of Law: some Realism about Nominalism". **Virginia Law Review,** vol. 60, 1974.

LEMPERT, Richard. "Uncovering "Nondiscernible" Differences: Empirical Research and the Jury Size Cases". Michigan Law Review, no. 73, 1975.

LEVITT, Steven; DUBNER, Stephen. **Freakonomics & Superfreakonomics.** Tradutor: Regina Lyra; Afonso Celso da Cunha Serra. Rio de Janeiro: Elsevier, 2012.

LI, Huaye; SAKAMOTO, Yasuaki. "The Influence of Collective Opinion on True-False Judgment and Information-Sharing Decision". **Howe School Research Paper**, no. 8, 2013.

LIPSEY, Richard G.; LANCASTER, Kelvin. "The General Theory of Second Best". **Review of Economic Studies**, vol. 24, no. 11, 1956.

LIST, Christian; GOODIN, Robert. "Epistemic Democracy: Generalizing the Condorcet Jury Theorem". **Journal of Political Philosophy**, vol. 9, 2001.

MACKAY, Charles. **Extraordinary Popular Delusions and the Madness of Crowds.** Vermont: Fraser Publishing Company, 1932.

MADISON, James. Federalist no. 51. In: MADISON, James; HAMILTON, Alexander; JAY, John. **The Federalist Papers.** Editado por Isaac Kramnick. London: Penguin, 1987.

MANKIW, Gregory. **Principles of Macroeconomics**. 6.ed. Mason, OH: South-Western Cengage Learning, 2011.

MANSKI, Charles. "Optmize, satisfice, or choose without deliberation? A simple minimax-regret assessment". **Theory Decision,** 2017.

MARIANI, Daniel; LUPION, Bruno; ALMEIDA, Rodolfo. "Qual é o grau de discordância e concordância entre os ministros do Supremo". **Nexo**, São Paulo, mar. 2017.Disponível em: <https://www.nexojornal.com.br/especial/2017/03/21/Como-os-ministros-do-Supremo-se-aproximam-ou-se-distanciam-entre-si-de-acordo-com-suas-decis%C3%B5es>. Acesso em: 8 jun. 2017.

MARONEY, Terry. "Emotional Regulation and Judicial Behavior". **California Law Review,** vol. 99, no. 1481, 2011.

MAUÉS, Antonio. "Jogando com os precedentes: regras, analogias, princípios". **Direito GV**, vol, 8, no. 2, 2012.

MENDES, Conrado Hübner. **Constitutional Courts and Deliberative Democracy.** Oxford: Oxford University Press, 2013.

______. "Onze Ilhas". **Os Constitucionalistas**, Brasília, set. 2010.Disponível em: Disponível em: <http://www.osconstitucionalistas.com.br/onze-ilhas>. Acesso em: 27 dez. 2015.

MENDONÇA, Eduardo; BARROS, Luís Roberto. "STF entre seus papéis contramajoritário e representativo". **Conjur**, Brasília, jan. 2013.Disponível em: Disponível em: <http://www.conjur.com.br/2013-jan-03/retrospectiva-2012-stf-entre-papeis--contramajoritario-representativo>. Acesso em: 26 jun. 2017.

NOZICK, Robert. **Anarchy, State and Utopia.** New York, NY: Basic Books, 1974.

PEER, Eyal; GAMLIEL, Eyal. "Heuristics and Biases in Judicial Decisions", **Court Review,** vol. 49, 2013.

POSNER, Richard. "Economic Approach to Law". **Texas Law Review,** vol. 53, 1975.

______. "Some Uses and Abuses of Economics in Law". **The University of Chicago Law Review**, vol. 46, no. 2, 1979.

______. "The Decline of Law as an Autonomous Discipline: 1962-1987". **Harvard Law Review,** vol. 100, 1987.

______. "Values and Consequences: An Introduction to Economic Analysis of Law". **Chicago John M. Olin Law & Economics Working Paper,** no. 53, 1998.

______. "What Do Judges and Justices Maximize? (The Same Things Everyone Else Does)". **Coase-Sandor Institute for Law and Economics Working Paper**, vol. 15, 1993.

POSNER, Richard; LANDES, William. "The Influence of Economics on Law: a Quantitative Study". **Chicago Law & Economics Working Paper,** no. 9, 1992.

RAWLS, John. **A Theory of Justice.** Cambridge: Belknap Press, 1971.

SANDEL, Michael. **O Que o Dinheiro Não Compra:** Os Limites Morais do Mercado. Tradução de Clóvis Marques. Rio de Janeiro: Civilização Brasileira, 2014.

SEPÚLVEDA, Antônio. "As diferentes estratégias interpretativas e a influência institucional sobre o intérprete" (no prelo).

______. **O Papel das Delegacias Receita Federal do Brasil de Julgamento:** Uma Análise sob a Perspectiva dos Desenhos Institucionais. Rio de Janeiro, 2012. Dissertação (Mestrado em Direito), Universidade Federal do Rio de Janeiro, 2012.

SCHAUER, Frederick. "Precedent". **Stanford Law** Review, vol. 39, no. 3, 1987.

SEN, Maya. "Courting deliberation: an essay on deliberative democracy in the American Judicial System". **Notre Dame Journal of Law, Ethics & Public Policy,** vol. 27, 2013.

SIMON, Herbert. "Rational Choice and the Structure of the Environment"". **Psychological Review**, vol. 63, 1956.

______. "Satisficing". In EATWELL, John; MILGATE, Murray; NEWMAN, Peter (eds.). **The new Palgrave**: A dictionary of economics. New York: Palgrave, 1987.

______. **Theories of Bounded Rationality.** In: McGUIRE, Charlie; RADNER, Roy (eds.) **Decision and Organization**. New York: American Elsevier, 1972.

SMITH, Adam. **The Wealth of Nations**. New York: Random House, 1937.

STIGLER, George. "Law or Economics?". **Journal of Law and Economics**, vol. 35, no. 2, 1992.

SUNSTEIN, Cass. "How Star Wars Illuminates Constitutional Law". **SSRN,** Cambridge, MA, 13 mai. 2015. Disponível em: <http://ssrn.com/abstract=2604998>. Acesso em: 10 out. 2015.

______. "If People Would Be Outraged by Their Rulings, Should Judges Care?". **Chicago John M. Olin Law & Economics Working Paper**, no. 332, 2007.

______. **Behavioral Law & Economics.** New York: Cambridge University Press, 2000.

SUNSTEIN, Cass; HASTIE, Reid. **Wiser:** Getting Beyond Groupthink to Make Groups Smarter. Boston-MA: Harvard Business Review Press, 2015.

SUNSTEIN, Cass; VERMEULE, Adrian. "Interpretation and Institutions". **Public Law and Legal Theory Working Paper**, no. 28, 2002.

SUROWIECKI, James. **The Wisdom of Crowds.** New York: Anchor Books, 2005.

SWIFT, Jonathan; TRAVELS, Gulliver. "The power that shall be vested in a precedent: stare decisis, the constitution and the supreme court". **Boston University Law Review,** vol. 66, 1986

THALER, Richard; SUNSTEIN, Cass; BALZ, John. "Choice Architecture". **SSRN,** Cambridge, MA, 2 abr. 2010. Disponível em: <http://papers.ssrn.com/sol3/papers.cfm?abstract_id=1583509>. Acesso em: 12 nov.2015.

THOMAS, Edwin; FINK, Clinton. "Effects of group size". **Psychological Bulletin,** no. 371, 1963.

THORNDIKE, Robert. "The Effect of Discussion upon the Correctness of Group Decisions, when the Factor of Majority Influence is Allowed For". **The Journal of Social Psychology,** vol. 9, no. 3, 1938.

TILLMAN, Seth Barrett. "Ex Parte Merryman: Myth, History, and Scholarship". **Military Law Review**, 224, 2016.

TURNER, Marlene; PRATKANIS, Anthony; PROBASCO, Preston; LEVE, Craig. "Threat, Cohesion, and Group Effectiveness: Testing a Social Identity Maintenance Perspective on Groupthink". **Journal of Personality and Social Psychology,** vol. 63, no. 5, 1992.

TUSHNET, Mark. "New Institutional Mechanisms for Making Constitutional Law". **Harvard Public Law Working Paper,** no. 15, 2015.

ULLMAN-MARGALIT, Edna. "Invisible Hand Explanations", **Synthese**, vol. 39, no. 263, 1978.

UROFSKY, Melvin. **Dissent and the Supreme Court:** Its role in the Court's history and the nation's Constitutional Dialogue. New York: Pantheon, 2015,

VASCONCELOS, Diego de Paiva; VASCONCELOS, Guilherme Guimarães. "Sistema e complexidade: a proposta de um diálogo entre as Teorias de Niklas Luhmann e Adrian Vermeule". In: BASSO, Ana Paula; SARLO, Oscar (org.). **Teorias do direito e realismo jurídico:** V Encontro Internacional do CONPEDI. Florianópolis: CONPEDI, 2016.

VASCONCELLOS, Marco Antonio Sandoval. **Economia:** Micro e Macro. 4. ed. São Paulo: Atlas, 2006.

VERMEULE, Adrian. "Collective Wisdom and Institutional Design". **Harvard Public Law Working Paper,** no. 8, 2008.

______. "Many-Minds Arguments in Legal Theory". **Harvard Law School Public Law Research**, n. 8, 2008.

______. **Mechanisms of Democracy:** Institutional Design Writ Small. New York: Oxford University Press, 2007.

______. "System Effects and the Constitution". **John M. Olin Program in Law and Economics Working Paper Series,** vol. 642, 2009.

______. "The Invisible Hand in Legal and Political Theory". **Virginia Law Review,** vol. 96, no. 1417, 2010.

______.**The Constitution of Risk.** New York: Cambridge University Press, 2014.

______.**The System of the Constitution.** New York, NY: Oxford University Press, 2011.

______. "Three Strategies of Interpretation". **University of Chicago Law Occasional Paper**, no. 44, 2005.

______. "Três Estratégias de Interpretação". Tradução de Pedro Buck. In: RODRIGUEZ, José Rodrigo (org.). **A Justificação do Formalismo Jurídico:** Textos em Debate. São Paulo: Saraiva, 2011.

VIEIRA, Oscar Vilhena. "Quando menos é mais". **CNJ:** Canal de Estratégia do Judiciário Brasileiro, Brasília, abr. 2010.Disponível em: <http://www1.trt18.jus.br/ascom_clip/pdf/4754.pdf>. Acesso em: 17 jun. 2017.

VIEIRA, Oscar Vilhena; DIAS, Roberto. "Decisão de Celso de Mello mostra imprevisibilidade do STF". **Folha de São Paulo**, São Paulo, jul. 2016.Disponível em: < http://www1.folha.uol.com.br/poder/2016/07/1789247-decisao-de-celso-de-mello-mostra-imprevisibilidade-do-stf.shtml>. Acesso em: 19 jun. 2017.

VON BERTALANFFY, L. The History and Status of General Systems Theory. **Academy of Management Journal**, vol. 15, no. 4, p. 407–426, 1972.

______.**Problems of Life:** An Evaluation of Modern Biological Thought. New York, NY: Wiley, 1952.

VON HELVERSEN, Bettina; RIESKAMP, Jörg. "Predicting Sentencing for Low-Level Crimes: Comparing Models of Human Judgment". **Journal of Experimental Psychology**, vol. 15, no. 4, p. 2009.

WALDRON, Jeremy. "Five to four: Why do bare majorities rule on Courts?" **The Yale Law Journal**, vol. 123, 2014.

WEBER, Max. **Economia e Sociedade.** Brasília: UNB, 2012

REFERÊNCIAS JURISPRUDENCIAIS E NORMATIVAS

BRASIL. Constituição da República Federativa do Brasil de 1988. **Diário Oficial da União**, Brasília, 5 out. 1988. Disponível em: <http://www.planalto.gov.br/ccivil_03/constituicao/ConstituicaoCompilado.htm>. Acesso em: 19 nov. 2015.

BRASIL. Decreto-Lei nº 1.564 de 5 de setembro de 1939. Confirma os textos de Lei, decretados pela União, que sujeitaram ao impôsto de renda os vencimentos pagos pelos cofres públicos estaduais e municipais. **Diário Oficial da União**, Brasília, 8 set. 1939. Disponível em: < http://www2.camara.leg.br/legin/fed/declei/1930-1939/decreto-lei-1564-5-setembro-1939-411497-publicacaooriginal-1-pe.html>. Acesso em: 18 jun. 2015.

BRASIL. Edital 24/2015/CGRH/MTPS, **Diário Oficial da União**, Brasília, 8 dez. 2015, Seção 3, p. 117.

BRASIL. Lei nº 9.986 de 18 de julho de 2000. Dispõe sobre a gestão de recursos humanos das Agências Reguladoras e dá outras providências. **Diário Oficial da União**, Brasília, 18 jul. 2000. Disponível em: <http://www.planalto.gov.br/ccivil_03/Leis/L9986.htm>. Acesso em: 20 nov. 2015.

BRASIL. Superior Tribunal de Justiça. Regimento Interno do Supremo Tribunal de Justiça de 7 de julho de 1989. Disponível em: < http://www.stj.jus.br/publicacaoinstitucional//index.php/Regimento/article/view/3115/3312>. Acesso em: 4 jun. 2017.

BRASIL. Superior Tribunal de Justiça. PROCESSO CIVIL. EMBARGOS DE DIVERGÊNCIA EM AGRAVO DE INSTRUMENTO.ACÓRDÃO QUE APRECIA O MÉRITO DO RECURSO ESPECIAL. SÚMULA 315/STJ.NÃO INCIDÊNCIA. OBRIGAÇÃO DE FAZER OU DE NÃO FAZER. ASTREINTES. EXECUÇÃO. INTIMAÇÃO DO DEVEDOR. NECESSIDADE. INTIMAÇÃO PORINTERMÉDIO DO ADVOGADO. POSSIBILIDADE. Embargos de Divergência em Agravo nº 857.758/RS. Recorrente: Unimed Seguradora S/A. Recorrido: Joalheria Sciéssere Ltda eoutros. Relator: MINISTRA NANCY ANDRIGHI. Brasilia, 23 de fevereiro de 2011.

BRASIL. Superior Tribunal de Justiça. RECURSO ESPECIAL. PROCESSUAL CIVIL. OBRIGAÇÃO DE FAZER.DESCUMPRIMENTO. MULTA DIÁRIA. INTIMAÇÃO PESSOAL. AUSÊNCIA. SÚMULA N.410-STJ. EXCLUSÃO DA PENA. PROVIMENTO. Recurso Especial nº 1349790/RJ. Recorrente: Banco Fininvest S/A. Recorrido: Paulo César Rodrigues e outro. Relator: MINISTRA MARIA ISABEL GALLOTTI. Brasilia, 25 de setembro de 2013.

BRASIL. Superior Tribunal de Justiça. PROCESSUAL CIVIL E ADMINISTRATIVO. AGRAVO REGIMENTAL EM RECURSO EM MANDADO DE SEGURANÇA. ALEGAÇÃO DE NULIDADE DO JULGAMENTO DO MANDAMUS. PARTICIPAÇÃO DE DESEMBARGADOR IMPEDIDO. DECISÃO UNÂNIME. VOTO NÃO DECISIVO PARA O RESULTADO. UTILIZAÇÃO DO MANDAMUS CONTRA DECISÃO MONOCRÁTICA DADA EM AGRAVO DE INSTRUMENTO. INADMISSIBILIDADE DE SEU USO COMO SUCEDÂNEO RECURSAL. ENUNCIADO 267 DA SÚMULA DE JURISPRUDÊNCIA DO STF. AGRAVO REGIMENTAL DESPROVIDO. LIMINAR CASSADA. Agravo Regimental no Recurso em Mandado de Segurança nº 35133/SP. Recorrente: Royal do Brasil Indústria de Perfis de PVC Ltda. e Outro. Recorrido: os mesmos. Relator: MINISTRO NAPOLEÃO NUNES MAIA FILHO. Brasilia, 19 de abril de 2013.

BRASIL. Supremo Tribunal Federal. [ACÓRDÃO PENDENTE DE PUBLICAÇÃO]. Ação Direta de Inconstitucionalidade nº 4764/AC. Requerente: Conselho Federal da Ordem dos Advogados do Brasil – CFOAB. Requerido: Assembléia Legislativa do Estado do Acre. Relator: Ministro CELSO DE MELLO. Brasília, 4 de maio de 2017. **DJE,** Brasília, 12 de maio de 2017, no. 99.

BRASIL. Supremo Tribunal Federal. [ACÓRDÃO PENDENTE DE PUBLICAÇÃO]. Medida Cautelar nas Ações Declaratórias de Constitucionalidade nº 43 & 44/DF. Requerentes: Partido Ecológico Nacional (PEN); Conselho Federal da Ordem dos Advogados do Brasil. Requerido: Presidente da República. Relator: Ministro MARCO AURELIO. Relator para acórdão: Ministro EDSON FACHIN. Brasília, 5 de out. de 2016. **DJE,** Brasília, 7 de outubro de 2016, no. 216.

BRASIL. Supremo Tribunal Federal. Ação Popular. Demarcação da terra indígena Raposa Serra do Sol. Inexistência de vícios no processo administrativo- demarcatório. Observância dos arts. 231 e 232 da Constituição Federal, bem como da Lei nº 6.001/73 e seus decretos regulamentares. Constitucionalidade e legalidade da portaria nº 534/2005, do Ministro da Justiça, assim como do Decreto presidencial homologatório. Reconhecimento da condição indígena da área demarcada, em sua totalidade. Modelo contínuo de demarcação. Constitucionalidade. Revelação do regime constitucional de demarcação das terras indígenas. A Constituição Federal como estatuto jurídico da causa indígena. A demarcação das terras indígenas como capítulo avançado do constitucionalismo fraternal. Inclusão comunitária pela via da identidade étnica. Voto do relator que faz agregar aos respectivos fundamentos salvaguardas institucionais ditadas pela superlativa importância histórico-cultural da causa. Salvaguardas ampliadas a partir de voto-vista do Ministro Menezes Direito e deslocadas para a parte dispositiva da decisão. Petição nº 3388/RR.

Requerente: Augusto Affonso Botelho Neto. Requerido: União. Relator: Ministro CARLOS BRITTO. Brasília, 25 de setembro de 2009. **RTJ,** Brasília, 25 de setembro de 2009, vol. 12, p. 49.

BRASIL. Supremo Tribunal Federal. AÇÃO RESCISÓRIA. MANDADO DE SEGURANÇA. RECURSO ORDINÁRIO. CONCURSO PÚBLICO. FISCAL DO TRABALHO. MEDIDA CAUTELAR CONCEDIDA AD REFERENDUM DO PLENÁRIO. ANTECIPAÇÃO DOS EFEITOS DA TUTELA PRETENDIDA. EXCEPCIONALIDADE DO CASO. CABIMENTO. 1. Ocorrência de plausibilidade jurídica na alegação de violação ao art. 47 do CPC (litisconsórcio necessário), por inexistência de pedido de citação dos candidatos aprovados melhor classificados, possivelmente afetados pela decisão rescindenda; 2. Verossimilhança da alegação de erro de fato. Inobservância, pela decisão rescindenda, do caráter regional do certame e a conseqüente convocação, para o curso de formação, de número de candidatos cuja classificação não alcançou a dos requeridos; 3. Acolhimento da alegação do alto grau de dificuldade na reparação dos danos a serem causados, tendo em vista os transtornos administrativos que adviriam da nomeação de 119 candidatos para vagas hoje inexistentes no Estado do Rio de Janeiro; 4. Ademais, os elementos trazidos aos autos revelam a inocorrência da abertura de novo concurso público durante o prazo de validade daquele prestado pelos requeridos, além da não obrigatoriedade da Administração Pública em convocar para a segunda etapa do certame (curso de formação), os candidatos que, embora aprovados na primeira etapa, não obtiveram classificação dentro do número de vagas previstas no edital. Precedentes: RMS nº 23.788, Maurício Corrêa, MS 21.915, Ilmar Galvão e RMS nº 23.793, Moreira Alves. Cautelar deferida referendada pelo Plenário do Supremo Tribunal Federal. Medida Cautelar em Ação Rescisória nº 1685/DF. Requerente: União. Requerido: Adélia de Araújo Gonçalves e outros. Relator: Ministra ELLEN GRACIE. Brasília, 12 de junho de 2002. **DJ,** Brasília, 12 de março de 2004, vol. 2143, p. 66.

BRASIL. Supremo Tribunal Federal. CONSTITUCIONAL. COMPETÊNCIA JUDICANTE EM RAZÃO DA MATÉRIA. AÇÃO DE INDENIZAÇÃO POR DANOS MORAIS E PATRIMONIAIS DECORRENTES DE ACIDENTE DO TRABALHO, PROPOSTA PELO EMPREGADO EM FACE DE SEU (EX-) EMPREGADOR. COMPETÊNCIA DA JUSTIÇA DO TRABALHO. ART. 114 DA MAGNA CARTA. REDAÇÃO ANTERIOR E POSTERIOR À EMENDA CONSTITUCIONAL Nº 45/04. EVOLUÇÃO DA JURISPRUDÊNCIA DO SUPREMO TRIBUNAL FEDERAL. PROCESSOS EM CURSO NA JUSTIÇA COMUM DOS ESTADOS. IMPERATIVO DE POLÍTICA JUDICIÁRIA. Conflito de competência nº 7204/MG. Requerente: Tribunal Superior do Trabalho. Requerido: Tribunal de Alçada do Estado de Minas Gerais. Relator: Ministro CARLOS BRITTO. Brasília, 29 de jun. de 2005. **DJE,** Brasília, 9 de dezembro de 2005, no. 2217, p. 303.

BRASIL. Supremo Tribunal Federal. CONSTITUCIONAL. HABEAS CORPUS. PRINCÍPIO CONSTITUCIONAL DA PRESUNÇÃO DE INOCÊNCIA (CF, ART. 5º, LVII). SENTENÇA PENAL CONDENATÓRIA CONFIRMADA POR TRIBUNAL DE SEGUNDO GRAU DE JURISDIÇÃO. EXECUÇÃO

PROVISÓRIA. POSSIBILIDADE. Habeas Corpus nº 126292/SP. Requerente: Marcio Rodrigues Dantas. Requerido: Relator do HC nº 313.021 do Superior Tribunal de Justiça. Relator: Ministro TEORI ZAVASCKI. Brasília, 17 de fev. de 2016. **DJE,** Brasília, 16 de maio de 2016, no. 100.

BRASIL. Supremo Tribunal Federal. FISCALIZAÇÃO NORMATIVA ABSTRATA – PROCESSO DE CARÁTER OBJETIVO – LEGITIMIDADE DA PARTICIPAÇÃO DE MINISTRO DO SUPREMO TRIBUNAL FEDERAL (QUE ATUOU NO TSE) NO JULGAMENTO DE AÇÃO DIRETA AJUIZADA CONTRA ATO EMANADO DAQUELA ALTA CORTE ELEITORAL – INAPLICABILIDADE, EM REGRA, DOS INSTITUTOS DO IMPEDIMENTO E DA SUSPEIÇÃO AO PROCESSO DE CONTROLE CONCENTRADO, RESSALVADA A POSSIBILIDADE DE INVOCAÇÃO, POR QUALQUER MINISTRO DO STF, DE RAZÕES DE FORO ÍNTIMO. Ação Direta de Inconstitucionalidade nº 3345/DF. Requerente: Partido Progressistas. Requerido: Tribunal Superior Eleitoral. Relator: Ministro CELSO DE MELLO. Brasília, 25 de agosto de 2005. **DJE,** Brasília, 20 de agosto de 2010, no. 154.

BRASIL. Supremo Tribunal Federal. MANDADO DE SEGURANÇA – IMPETRAÇÃO CONTRA ATO DE CONTEÚDO JURISDICIONAL EMANADO DO SUPREMO TRIBUNAL FEDERAL – INADMISSIBILIDADE – POSSIBILIDADE DE O RELATOR DA CAUSA, NO SUPREMO TRIBUNAL FEDERAL, DELA NÃO CONHECER MEDIANTE DECISÃO MONOCRÁTICA – LEGITIMIDADE CONSTITUCIONAL DESSE PODER PROCESSUAL DO RELATOR – INEXISTÊNCIA DE OFENSA AO POSTULADO DA COLEGIALIDADE – RECURSO DE AGRAVO IMPROVIDO. DESCABIMENTO DE MANDADO DE SEGURANÇA CONTRA ATO JURISDICIONAL EMANADO DO SUPREMO TRIBUNAL FEDERAL. Agravo Regimental no Mandado de Segurança 28097/DF. Requerente: Carlos André Studart Pereira. Requerido: Presidente do Supremo Tribunal Federal. Relator: Ministro CELSO DE MELLO. Brasília, 11 de mai. de 2011. **DJE,** Brasília, 1 de julho de 2011, no. 125.

BRASIL. Supremo Tribunal Federal. Mandado de segurança. Recurso ordinário. 2. Segurança requerida contra ato do Ministro de Estado do Trabalho, por candidatos aprovados na primeira fase do concurso de Fiscal do Trabalho. Direito a serem convocados para a segunda etapa do concurso, consistente no Programa de Formação, considerando regra contida no edital. 3. Previsão expressa, em segundo edital, de que os candidatos selecionados na primeira estapa poderiam participar da segunda fase do certame para fins de provimento de vagas também estabelecidas em " outros Editais que venham a ser publicados." 4. Não fica a Administração impedida de iniciar outro concurso público; não poderá, entretanto, preterir os candidatos já aprovados na primeira fase do anterior, quanto à convocação para a Segunda Etapa, observada a ordem de classificação. 5. Recurso ordinário conhecido e provido para deferir o mandado de segurança, ficando, em consequência, a autoridade coatora impedida de nomear candidatos aprovados em posterior concurso de Fiscal do trabalho, enquato não se concluir o primeiro concurso aludido com a convocação dos impetrantes à segunda etapa – Programa de Formação. Consoante o edital, a conclusão do concurso pressupõe a realização de sua segunda etapa. Recurso em Mandado de Segurança nº 23040/DF. Requerente: Adélia de Araújo Gonçalves e outros. Requerido: União Federal. Relator: Ministro NÉRI DA SILVEIRA. Brasília, 14 de setembro de 1999. **DJ,** Brasília, 17 de dezembro de 1999, vol. 1976, p. 276.

BRASIL. Supremo Tribunal Federal. [MONOCRÁTICA]. Habeas Corpus nº 93033/RJ. Requerente: Constant Rochat. Requerido: Superior Tribunal de Justiça. Relator: Ministro CELSO DE MELLO. Brasília, 1 de ago. de 2011. **DJE,** Brasília, 5 de agosto de 2017, no. 151.

BRASIL. Supremo Tribunal Federal. [MONOCRÁTICA]. Habeas Corpus nº 135100/DF. Requerente: Leonardo Coutinho Rodrigues Cipriano. Requerido: Superior Tribunal de Justiça. Relator: Ministro CELSO DE MELLO. Brasília, 5 de jun. de 2017. **DJE,** Brasília, 9 de junho de 2017, no. 121.

BRASIL. Supremo Tribunal Federal. [MONOCRÁTICA]. Habeas Corpus nº 135100-MC/DF. Requerente: Leonardo Coutinho Rodrigues Cipriano. Requerido: Superior Tribunal de Justiça. Relator: Ministro CELSO DE MELLO. Brasília, 1 de jul. de 2016. **DJE,** Brasília, 1 de agosto de 2016, no. 140.

BRASIL. Supremo Tribunal Federal. [MONOCRÁTICA]. Habeas Corpus nº 138337-MC/SP. Requerente: Rosangela Gomes da Silva. Requerido: Relator do HC nº 375.435do Superior Tribunal de Justiça. Relator: Ministra MARCO AURELIO. Brasília, 16 de nov. de 2016. **DJE,** Brasília, 21 de novembro de 2016, no. 246.

BRASIL. Supremo Tribunal Federal. [MONOCRÁTICA]. Habeas Corpus nº 143668/RS. Requerente: Tiago Fao Hartmann. Requerido: Relator do ARESP Nº 1.016.184 do Superior Tribunal de Justiça. Relator: Ministro RICARDO LEWANDOWSKI. Brasília, 25 de mai. de 2017. **DJE,** Brasília, 29 de maio de 2017, no. 112.

BRASIL. Supremo Tribunal Federal. [MONOCRÁTICA]. Habeas Corpus nº 144549/MG. Requerente: Carlos Alberto Figueiredo Miranda. Requerido: Relator do HC nº 394.552 do Superior Tribunal de Justiça. Relator: Ministra ROSA WEBER. Brasília, 9 de jun. de 2017. **DJE,** Brasília, 14 de junho de 2017, no. 126.

BRASIL. Supremo Tribunal Federal. [MONOCRÁTICA]. Medida Cautelar na Arguição de Descumprimento de Preceito Fundamental nº 402/DF. Requerente: Rede Sustentabilidade. Requerido: Presidente da Câmara dos Deputados. Relator: Ministro MARCO AURELIO. Brasília, 5 de dezembro de 2016. **DJe,** Brasília, 6 de dezembro de 2016, nº 261.

BRASIL. Supremo Tribunal Federal. PROCESSUAL PENAL. HABEAS CORPUS. JULGAMENTO MONOCRÁTICO. OFENSA AO PRINCÍPIO DA COLEGIALIDADE. Habeas Corpus nº 114176/SP. Requerente: Wynand Johannes Harmse. Requerido: Relator do HC nº 175.538 do Superior Tribunal de Justiça. Relator: Ministro TEORI ZAVASCKI. Brasília, 19 de mar. de 2013. **DJE,** Brasília, 15 de abril de 2013.

BRASIL. Supremo Tribunal Federal. RECLAMAÇÃO. EXECUÇÃO DE DECISÃO TRÂNSITA NESTES AUTOS EM 2001. QUATORZE ANOS DE DESCUMPRIMENTO DA DETERMINAÇÃO JUDICIAL DESTES AUTOS ORIUNDA DE ÓRGÃO FRACIONÁRIO DESTA CORTE. RECONHECIMENTO DO TRÂNSITO. POSSIBILIDADE. NATUREZA JURÍDICA DA RECLAMAÇÃO DE AÇÃO CONSTITUCIONAL. DESCUMPRIMENTO, PELA UNIÃO, DA DECISÃO PROFERIDA NOS AUTOS DO RMS 23.040 E NESTA RECLAMAÇÃO. PROCEDÊNCIA. AUTORIDADE RECLAMADA. CUMPRIMENTO DA DECISÃO JUDICIAL CONSTANTE DESTES AUTOS COM OBSERVÂNCIA DE UM CRONOGRAMA RAZOÁVEL CONSIDERADO O ATUAL CENÁRIO DE CRISE ECONÔMICA. Cumprimento de Sentença na Reclamação nº 1728/DF. Requerente: Adélia de Araújo Gonçalves e outros. Requerido: Ministro de Estado do Trabalho e Emprego. Relator: Ministro LUIX FUX. Brasília, 24 de novembro de 2015. **DJe,** Brasília, 18 de abril de 2016, nº 72.

BRASIL. Supremo Tribunal Federal. Reclamação. Ministro do Trabalho e Emprego, que estaria a descumprir o acórdão da 2ª Turma do Supremo Tribunal Federal, que conheceu e deu provimento ao Recurso Ordinário em Mandado de Segurança n.º 23.040, para conceder o writ 2. Incabível invocar contra o aresto, trânsito em julgado, a existência de "óbices intransponíveis de ordem legal", inclusive a não mais existência do cargo reclamado. 3. De decisão judicial, trânsita em julgado, resulta, em favor de seus beneficiários, título de direito, que lei posterior ou ato normativo com força de lei não podem prejudicar(CF, art. 5º, XXXVI). 4. Diante de decisão judicial, com plena eficácia, não cabe à administração ou ao destinatário do cumprimento do que decidido pretender, no âmbito de sua esfera administrativa ou competência, reabrir discussão sobre a matéria, em seu mérito, objeto do decisum, quer com alegações de decadência, quer de existência de litisconsórcio necessário, quer de outra quaestio juris sobre a relação processual instaurada. 5. Acórdão que favorece, tão-somente, os impetrantes do mandado de segurança, que é processo de natureza subjetiva, ficando, assim, o decisum, na sua eficácia, limitado apenas aos autores da ação mandamental. 6. Reclamação julgada procedente para determinar que, em cumprimento ao acórdão do Supremo Tribunal Federal, no Recurso Ordinário em Mandado de Segurança n.º 23.040-9-DF, no prazo de trinta(30) dias, proceda, sob as penas da lei, a autoridade reclamada, à efetivação dos atos de nomeação dos impetrantes, ora reclamantes, em cargo de Auditor Fiscal do Trabalho, em que se converteu o cargo de Fiscal do Trabalho. Reclamação nº 1728/DF. Requerente: Adélia de Araújo Gonçalves e outros. Requerido: Ministro de Estado de Trabalho e Emprego. Relator: Ministro NÉRI DA SILVEIRA. Brasília, 6 de novembro de 2001. **DJ,** Brasília, 19 de dezembro de 2001, vol. 2054, p. 217.

BRASIL. Supremo Tribunal Federal. Regimento Interno do Supremo Tribunal Federal de 27 de outubro de 1980. Estabelece a composição e a competência dos órgãos do Supremo Tribunal Federal, regula o processo e o julgamento dos feitos que lhe são atribuídos pela Constituição da República e a disciplina dos seus serviços. Disponível em: <http://www.stf.jus.br/arquivo/cms/legislacaoRegimentoInterno/anexo/RISTF_Setembro_2015_versao_eletronica.pdf>. Acesso em: 16 set. 2015.

BRASIL. Supremo Tribunal Federal. TRIBUTÁRIO. INTERNACIONAL. IMPOSTO DE RENDA E PROVENTOS DE QUALQUER NATUREZA. PARTICIPAÇÃO DE EMPRESA CONTROLADORA OU COLIGADA NACIONAL NOS LUCROS AUFERIDOS POR PESSOA JURÍDICA CONTROLADA OU COLIGADA SEDIADA NO EXTERIOR. LEGISLAÇÃO QUE CONSIDERA DISPONIBILIZADOS OS LUCROS NA DATA DO BALANÇO EM QUE TIVEREM SIDO APURADOS ("31 DE DEZEMBRO DE CADA ANO"). ALEGADA VIOLAÇÃO DO CONCEITO CONSTITUCIONAL DE RENDA (ART. 143, III DA CONSTITUIÇÃO). APLICAÇÃO DA NOVA METODOLOGIA DE APURAÇÃO DO TRIBUTO PARA A PARTICIPAÇÃO NOS LUCROS APURADA EM 2001. VIOLAÇÃO DAS REGRAS DA IRRETROATIVIDADE E DA ANTERIORIDADE. MP 2.158-35/2001, ART. 74. LEI 5.720/1966, ART. 43, § 2º (LC 104/2000). Ação Direta de Inconstitucionalidade nº 2588/DF. Requerente: Confederação Nacional da Indústria – CNI. Requerido: Presidente da República. Relator: Ministro JOAQUIM BARBOSA. Brasília, 10 de abril de 2013. **DJe,** Brasília, 10 de fevereiro de 2014, vol. 2719, p. 1.

BRASIL. Tribunal Regional Federal (2. Região). Embargos Infringentes. Honorários sucumbenciais em favor da Defensoria Pública da União. Embargos de Divergência nº 201050010157087/ES. Autor: Eloi Bento. Réu: Instituto Nacional do Seguro Social. Relator: Desembargador Federal LUIZ PAULO DA SILVA ARAUJO FILHO. Rio de Janeiro, 16 de fevereiro de 2017.

BRASIL. Tribunal Regional Federal (2. Região). Mandado de Segurança. Tributário. Exclusão do ICMS da base de cálculo da contribuição previdenciária patronal. Equiparação do conceito de receita bruta para incidência do PIS/COFINS. Impossibilidade. Apelação Civil/Reexame Necessário nº 2014.50.01.111973-7/RJ. Apelante: Royal do Brasil Indústria de Perfis de PVC Ltda. e outro. Apelado: os mesmos. Relator: Desembargador Federal LUIZ ANTONIO SOARES. Rio de Janeiro, 14 de setembro de 2015.

BRASIL. Tribunal Regional Federal (2. Região). Remessa Necessária. Administrativo. Constitucional. Gratificação de Desempenho de Atividade Técnico-Administrativa (Gdata). Gratificação de Desempenho de Atividade Cultural (Gdac). Natureza. Extensão aos Inativos/Pensionistas. Termo Final. Primeiro ciclo de avaliação. Reexame Necessário nº 2010.51.01.011632-4/RJ. Autor: Sindicato dos Trabalhadores do Serviço Público Federal no Estado do Rio de Janeiro – Sintrasef e Outros. Réu: União. Relator: Desembargador Federal MARCELO PEREIRA DA SILVA. Rio de Janeiro, 14 de outubro de 2015.

BRASIL. Tribunal Regional Federal (2. Região). Tributário. Apelação. Pedido meramente declaratório. Inclusão do ICMS na base de cálculo da contribuição ao PIS e da Cofins. Impossibilidade. Artigo 195, inciso I, alínea b, CF. Conceito constitucional de faturamento. Receita de terceiro. Apelação Civil nº 2013.50.01.008106-0/RJ. Apelante: R R R S Perim-EIRELI. Apelado: União. Relator: Desembargadora Federal LETICIA DE SANTIS MENDES DE FARIAS MELLO. Rio de Janeiro, 22 de setembro de 2015.

ESTADOS UNIDOS.Court of Appeals of Maryland.Parte:Estado de Maryland. Parte:Frederick Jerome Hutchinson. Baltimore, MD, 25 de fevereiro de 1970.

ESTADOS UNIDOS. United States Supreme Court. Requerente: Claude Davis Ballew. Requerido: Estado da Geórgia. Julgado nº 435. Washington DC, 1 de novembro de 1977.

ESTADOS UNIDOS. United States Supreme Court. Parte: Caperton. Parte: A. T. Massey Coal Co. Julgado nº 556. Washington DC, 8 de junho de 2009.

ESTADOS UNIDOS. United States Supreme Court. Parte: Estado do Michigan. Parte: Environmental Protection Agency. Julgado nº 576. Washington, DC, 29 de junho de 2015.

ESTADOS UNIDOS. United States Supreme Court. Requerente: John Aaron. Requerido: William G. COOPER et al., Members of the Board of Directors of the Little Rock, Arkansas, Independent School District, and Virgil Blossom, Superintendent of Schools. Julgado nº 1. Washington DC, 12 de setembro de 1958.

ESTADOS UNIDOS. United States Supreme Court. Requerente: John Marryman. Requerido: nenhum. Julgado nº 9487. Washington DC, 1 de junho de 1961.

ESTADOS UNIDOS. United States Supreme Court. Requerente: Planned Parenthood of Southeastern Pennsylvania et al. Requerido: Casey, Governador do Estado da Pennsylvania et al. Julgado nº 91-744. Washington DC, 29 de junho de 1992.

ESTADOS UNIDOS. United States Supreme Court. Requerente: Samuel Worcester. Requerido: Estado da Geórgia. Julgado nº 31 US 515. Washington DC, 3 de março de 1832.

ESTADOS UNIDOS. United States Supreme Court. Requerente: Thompson. Réu: Estado de Utah. Julgado nº 553. Washington DC, 25 de abril de 1898.

REFERÊNCIAS JORNALÍSTICAS

AINDA hoje, julgo cada processo como se fosse o primeiro da minha vida". *Conjur*, São Paulo,12 jun. 2015.Disponível em: <http://www.conjur.com.br/2015-jun-12/entrevista-marco-aurelio-ministro-supremo-tribunal-federal>. Acesso em 20 out. 2015.

AYRES Britto e Armando Castelar debatem as decisões monocráticas do Judiciário. FecomercioSP, São Paulo, 21 mar. 2017. Disponível em: <http://www.fecomercio.com.br/noticia/ayres-britto-e-armando-castelar-debatem-as-decisoes-monocraticas-do-judiciario>. Acesso em: 17 jun. 2017.

CRISE conjuntural é consenso entre pesquisadores em fórum. Unicamp, Campinas, 9 jun. 2016. Disponível em: <http://www.unicamp.br/unicamp/noticias/2016/06/09/crise-conjuntural-e-consenso-entre-pesquisadores-em-forum?language=pt-br>. Acesso em: 19 jun. 2017.

DECISÕES monocráticas e cautelares prejudicam a imagem do Judiciário. Estadão, São Paulo, 14 mar. 2016. Disponível em: < http://cultura.estadao.com.br/blogs/

direto-da-fonte/decisoes-monocraticas-e-cautelares-prejudicam-a-imagem-do-judiciario/>. Acesso em: 18 jun. 2017.

DEFINIDO resultado de ADI sobre IR de empresas coligadas e controladas no exterior. Supremo Tribunal Federal, Brasília, 10 abr. 2013. Disponível em: < http://www.stf.jus.br/portal/cms/verNoticiaDetalhe.asp?idConteudo=235582>. Acesso em: 26 jun. 2017.

DIÁLOGO sugere acordo entre ministro e Planalto". *O Estado de São Paulo*, São Paulo, 24 ago. 2007. Disponível em: <http://politica.estadao.com.br/noticias/geral,dialogo-sugere-acordo-entre-ministro-e-planalto,40190>. Acesso em: 24 nov. 2015.

EM ano de crises, Supremo tem 18% menos decisões coletivas. Folha de São Paulo, São Paulo, 26 dez. 2016. Disponível em: <http://www1.folha.uol.com.br/poder/2016/12/1844509-em-ano-de-crises-supremo-tem-18-menos-decisoes-coletivas.shtml>. Acesso em: 21 jun. 2016.

EM entrevista, Mello diz que não gosta de ser voto vencido". *Anajustra*, Brasília, 27 ago. 2014. Disponível em: <https://www.anajustra.org.br/noticia/9304/19/Em-entrevista-Mello-diz-que-nao-gosta-de-ser-voto-vencido>. Acesso em 20 out. 2015.

INDICAÇÕES para diretoria da ANTT aprovados na Comissão de Infraestrutura",*Senado Notícias*, Brasília, jun. 2015.Disponível em: <http://www12.senado.leg.br/noticias/materias/2015/06/17/indicacoes-para-diretoria-da-antt-passam-na-comissao-de-infraestrutura>. Acesso em: 19 jan. 2016.

MENOS de 10% das análises do plenário virtual do STF têm participação de todos os ministros". *Migalhas*, São Paulo, 14 jan. 2016. Disponível em: <http://www.migalhas.com.br/Quentes/17,MI232416,21048-Menos+de+10+das+analises+do+plenario+virtual+do+STF+tem+participacao>. Acesso em: 19 jan. 2016.

O Globo capta conversa de ministros no julgamento do mensalão". *Conjur*, São Paulo,23 ago. 2007.Disponível em: <http://www.conjur.com.br/2007-ago-23/globo_capta_conversa_ministros_supremo>. Acesso em: 24 nov. 2015.

PARA juristas, decisão de Marco Aurélio coloca STF no centro da crise entre Poderes. O Globo, Rio de Janeiro, 6 dez, 2016. Disponível em: <https://oglobo.globo.com/brasil/para-juristas-decisao-de-marco-aurelio-coloca-stf-no-centro-da-crise-entre-poderes-20598513>. Acesso em: 20 jun. 2017.

SUPREMO deve rever temas sob o rito da repercussão geral, afirma Barroso. Conjur, São Paulo, 11 ago. 2016. Disponível em: < http://www.conjur.com.br/2016-ago-11/supremo-rever-temas-repercussao-geral-afirma-barroso>. Acesso em: 18 jun. 2017.

TJ-SP discute se relator pode ignorar quem não apresenta voto virtual". *Conjur*, São Paulo, 29 mar. 2017. Disponível: <http://www.conjur.com.br/2017-mar-29/tj-sp-discute-ignorar-quem-nao-apresenta-voto-virtual>. Acesso em 05 mai. 2017.

TROCA de mensagens gera mal-estar no STF". *Folha de São Paulo*, São Paulo, 24 ago. 2007. Disponível em: <http://www1.folha.uol.com.br/fsp/brasil/fc2408200706.htm>. Acesso em: 24 nov. 2015.